广东省教育科学规划课题

"基于大数据驱动下定制教育实践研究"（2019YQJK080）的阶段性成果

五维课堂

教学设计与案例

唐毅兵　主编

上海交通大学 出版社

SHANGHAI JIAO TONG UNIVERSITY PRESS

内容提要

　　"五维课堂"是指以"本、纲、度、时、界"为标准，以学生为中心，以探究为主线，以展示为目标，通过"五个维度"的教学思维渗透而形成的课堂教学模式。"本"代表教师应以教学目标为核心，创造性地使用教材；"纲"代表教师依据课程整体大纲，探索连贯系统的学习；"度"代表教师应根据学生的特质，定制每个学生的学习进度；"时"指教师需搭架智库，实现学习的时空无限性、连续性；"界"指教师需借助开放的云平台，为学生提供无墙教室。本书以此为理念，展示教师五维课堂教育研究、教育实践以及教育总结作品五十余篇。

　　本书适合中小学一线教师、校长和教学研究人员阅读。

图书在版编目（CIP）数据

　　五维课堂：教学设计与案例/唐毅兵主编. —上海：上海交通大学出版社，2023.7

　　ISBN 978 - 7 - 313 - 28806 - 6

　　Ⅰ.①五… Ⅱ.①唐… Ⅲ.①中小学—教学设计—教案（教育）Ⅳ.①G632.0

　　中国国家版本馆 CIP 数据核字（2023）第 098124 号

五维课堂：教学设计与案例
WUWEI KETANG：JIAOXUE SHEJI YU ANLI

主　　编：唐毅兵

出版发行：上海交通大学出版社　　　　　　　地　　址：上海市番禺路 951 号

邮政编码：200030　　　　　　　　　　　　电　　话：021 - 64071208

印　　制：上海景条印刷有限公司　　　　　　经　　销：全国新华书店

开　　本：710mm×1000mm　1/16　　　　　印　　张：17

字　　数：258 千字

版　　次：2023 年 7 月第 1 版　　　　　　　印　　次：2023 年 7 月第 1 次印刷

书　　号：ISBN 978 - 7 - 313 - 28806 - 6

定　　价：68.00 元

前

Preface

言

　　全球化给教育带来挑战，教育要面向未来。未来教育的核心是学习的科学性与人的自身价值的实现。未来教育的挑战是建构学科思维，学会抉择决策，担当积极角色。未来教育的主题应是促进学生学习的个性化。未来更加适宜学生的教育是关注和发展学生的核心素养。学生只有具备了自我发展的核心素养，才能在未来社会里找到发展的主心骨。未来教育要更加适宜学生核心素养发展、学习能力培育和个性化发展，未来教育是关注和发展学生学习能力的教育。因此，中小学校需要思考面对未来，如何转变办学理念，如何更新教育手段，如何根据学生个人喜好和需求开展定制的、个性化的教育，摆脱同质化。另外，在飞速发展和信息爆炸的时代，知识的快速更新对学生的学习能力提出了更高要求，特别是学生的自主学习能力、创生性学习能力与问题解决能力，成了学生未来行走的必备工具。传统模式下的课堂在启发学生的潜在能力和创新思维能力，提高学生探究能力方面相对欠缺，寻求课堂的转变显得迫在眉睫。

　　同时，《中华人民共和国国民经济和社会发展第十四个五年规划和2035年远景目标纲要》提出，全面贯彻党的教育方针，坚持优先发展教育事业，坚持立德树人，增强学生文明素养、社会责任意识、实践本领，培养德智体美劳全面发展的社会主义建设者和接班人。因此，未来学校建设只有站在未来的制高点上，以发展学生的核心素养与学习能力为目的、以先进的教育理念和学习经验为指引，以现代化信息技术和跨越边界的学习时空为依托，从整体上创新人才培养模式，才能真正具备"仁川宣言"所勾勒的"重塑学校运行机制""探索深度学习策略"，加强合作学习和混合式学习，帮助学生从"教育消费者"转变为"创造者"，从而实现深入推进学习的未来教育模式。基于此，深圳市南山区前海学校提出了"定制教育——成就每个人的奇迹"的办学理念。

21世纪是面向科技与信息的时代，社会生活的方方面面都带着新兴信息技术的影响，教育作为培养现代人才的必要环节，必然是随着科技进步而不断发展的。深圳市南山区前海学校提出的办学理念"定制教育——成就每个人的奇迹"，就是要运用新型大数据技术，根据个人潜质、喜好和需求定制个性化的教育，摆脱同质化的单模式教育。定制教育提出的"三定"（定基础、定需求、定学生个性目标）符合实际情况及一线教育情况。定制教育提出的"三制"（制课程、制教学、制评价）从多维度融合，指导我们的教学，实现教师的教和学生的学的有效结合，达到学生学的自由和教师教的自由的广度，最终促成学生和教师的共同进步。定制教育是教育者通过创造良好的育人环境把学生个体先天的"优质"牵引出来，把人类积累的智慧资源充实进去，使学生个性特征与学习环境之间达到平衡，形成健康、自信、充实的个性发展；最大限度地激发学生学习兴趣，提高学生学习能力，释放其生命潜能，突破生存限制；帮助学生实现量身定制的自我成长、自我实现和自我超越。这是在多学科融合的背景下，运用多种途径，根据因材施教理论作出的尝试。在这一理论指导下，教育者、管理者、政策制定者努力打破传统教育的壁垒，营造创新的教育与学习环境，帮助学生适应未来的科技时代。

教育部颁布的《基础教育课程改革纲要（试行）》提出："改变课程实施过于强调接受学习、死记硬背、机械训练的现状，倡导学生主动参与、乐于探究、勤于动手，培养学生搜集和处理信息的能力、获取新知识的能力、分析和解决问题的能力以及交流与合作的能力。"虽然课程改革的脚步从未停止，但基于目前教育现状，在课堂教学改革中仍然存在"五大痛点"：灌——教师在课堂上讲得多，学生练得少，教师占据课堂的主动权；浅——教师只重视知识的传授，不太注重学生能力训练和高阶思维的培养；窄——教师学生只重视教材知识掌握，不注重跨学科拓展延伸和课外积累；守——教师的教学方法固化，不太愿意尝试用新媒体、新技术去变革自己的教学方式；单——评价方法单一，唯分数的情况还比较普遍，缺乏过程性评价、增值性评价。而课堂正是教育改革的主要阵地。于教师而言，应主要解决课堂存在的痛点问题，向"以学生为中心的教与学"转变；于学生而言，应注重自主、合作、探究能力，提高综合素养，应对互联网和人工智能时代的挑战。因此，实现由当下课堂向五维课堂的转变，聚焦学生"学"、教师"教"和教学"评"三大方面，探索面对未来的课堂教学模式和评价方式迫在眉睫。

　　基于此，深圳市南山区前海学校提出了"五维课堂"的新型教学模式，包括"本、纲、度、时、界"五个维度。"本"代表教师以教学目标为核心，创造性地使用教材；"纲"代表教师依据课程整体大纲，探索连贯系统的学习；"度"代表教师根据学生的特质，定制每个学生的学习进度；"时"指教师搭建智库，实现学习的时空无限性、连续性；"界"指教师借助开放的云平台，为学生提供无墙教室。在学校层面，五维课堂联合课堂内外，让学校成为开放、互动、共享有效的大课堂，并使常态化的应用成为可能；同时，在学校构建数字化学习平台，集成知识网络，通过开展"线下＋线上"混合模式的教学，基于数据的教学流程再造，凸显以学习者为中心的知识建构。在学生层面，五维课堂关注学生个性差异，让每个学生的潜能都能彰显；创造良好的育人环境，在把个体先天的"优质"牵引出来的同时，把人类积累的智慧资源充实进去，使学生个性特征与学习环境之间达到平衡，形成健康、自信、充实的个性。五维课堂最大限度地激发学生学习兴趣，提高学生学习能力，帮助学生释放生命潜能，突破生存限制，实现量身定制的自我成长、自我实现和自我超越。它整合了在线学习与传统课堂学习的双重体验，为教师和学生打开了前所未有的机遇大门，让每个学习者都可以设计个性化的学习方式。

　　所以，在信息技术变革的影响下，在课程改革的要求下，以"定制教育——成就每个人的奇迹"教育理念为主旨开展"五维课堂"的探索与实践，将对未来教育产生深远的影响。

目
Contents
录

第三章　五维课堂教育实践（初中部）　109

第四章　五维课堂教育总结　　　　　　　　　　　　　207

第一章

五维课堂教育研究

五维课堂是一种以学生为中心，注重全面发展学生能力和素质的教育模式。在"本"方面，本章主要从学生的认知特点出发，探讨如何设置教学目标和内容。同时，也分析了教师在课堂中的角色和作用，提出了针对学生不同认知水平的教学策略。在"纲"方面，本章主要从课程设置和教学内容的安排出发，分析了如何贴近课程标准和学生需求，让教学更加符合学科特点和学生发展需求。同时，也探讨了跨学科教学和多元化教学的实现途径。在"度"方面，本章主要从教学方法和教学过程出发，提出了如何注重学生的主体作用和探究精神，同时也探讨了如何运用多样化的教学方法来促进学生的全面发展。在"时"方面，本章主要从教学时间的安排和分配出发，探讨了如何科学合理地安排教学时间，同时也提出了在教学过程中如何灵活调整教学进度，确保教学目标的达成。在"界"方面，本章主要从课堂环境和管理出发，探讨了如何创造积极向上的学习氛围，同时也提出了在课堂管理中如何注重个性化教育和关注学生的心理健康。

　　综上所述，本章围绕五维课堂的不同方面进行研究和探讨，提出了一系列具有实践意义的教育理论和教学策略。希望通过本章的阐述，更好地推动"五维课堂"在实践中的应用和推广。

遇见最美的传统节日

温丽娜

文化是一个国家、一个民族的血脉和灵魂，国家和民族的强盛总是以一定的文化兴盛为支撑的。中华优秀传统文化是中华民族的突出优势，传统节日文化是中华优秀传统文化重要的组成部分，是生活中值得纪念的重要日子，每一个都有着特殊的含义。《完善中华优秀传统文化教育指导纲要》强调分学段有序推进中华优秀传统文化教育，把中华优秀传统文化教育系统融入课程和教材体系。在小学阶段，教师可以通过学生接触到的传统节日，努力营造节日文化的氛围，并与主题活动相结合，让学生主动参与到节日文化的活动中，亲身体验传统节日的价值所在，对其情感、意志、行为发生潜移默化的推动作用。

如何以传统节日作为切入点，开展感悟、品味传统节日文化的主题教学活动，形成传统节日教育特色课程？在前海学校五维课堂理念下，我通过四个环节引导学生开展研究活动，让孩子们了解传统文化，增强文化认同和自信。

一、本——教师以教学目标为核心，创造性地使用教材，拓宽阅读面，引导学生多角度阅读节日作品，认识节日文化

部编版语文教材中很多内容是让学生了解、认同、喜爱传统节日，挖掘其中蕴含的丰富的民族文化。部编版小学语文教材的课文中涉及的传统节日主要有春节、端午节、七夕节、中秋节和重阳节。

教师除了要引导学生阅读、背诵语文教材中这些与传统节日相关的课文，还要引导学生去收集、积累、感悟与优秀传统节日相关的文学和文化作品，并引导学生了解作品的背景、内容，了解节日的由来、象征意义、

节庆活动等，感受中华文化的丰富多彩。

以三年级下册学生"探究传统节日——清明节"为例。

学生完成教材中古诗《清明》的学习后，分小组讨论，扩展学习关于清明节的内容。以下是小组活动记录。

第一小组：节日起源组。收集资料，了解清明节的来历。《岁时百问》一书对"清明"二字的解释："万物生长此时，皆清洁而明净。故谓之清明。"西汉时期《淮南子·天文训》："春分后十五日，斗指乙，则清明风至。"以上文献对清明的起源作了诠释。

第二小组：诗词文化组。摘抄清明节相关的诗句，制作成手抄报，并进行背诵展示。

第三小组：节日文化组。通过制作 PPT，从天气、农事活动、风俗、谚语等方面介绍清明。

以上，教师创造性地使用教材，拓宽了学生阅读面；学生在查找、收集关于传统节日文化的资料、文学作品的过程中，对传统文化有了一定的认识。

二、纲——教师依据课程整体大纲，探索连贯系统的学习，引导学生亲身实践，体验传统文化

通过第一个环节的活动，学生对于传统节日有了初步的认识，可是对于传统节日的情感还是比较平淡的。此时，教师可以探索连续系统的学习，充分挖掘传统节日的内涵，增加学生在传统节日中的参与度，让孩子们喜欢上传统节日。

同样以学生研究清明节为例。学生在收集清明节资料的过程中，发现古时寒食是祭祖扫墓的节日，清明是踏青春游的日子。由于寒食节正好在清明前一二日，宋元以后，两个节日慢慢融为一体，寒食节的习俗渐渐融入了清明节。学生知道了原来在清明雨纷纷的悲伤情感里，还有对大自然的向往。知道了古人在清明节除了扫墓祭祖，还会踏青、蹴鞠、插柳、植树等。

教师引导学生亲身实践，谈清明节回乡祭祖的感受，让孩子们敬畏先人。学校还发起了清明节网上祭奠先烈的倡议。除此之外，一些学生还研

究了清明节传统美食——青团的做法，和家长、同伴一起亲手做一做，并品尝。有的班级还请来了畲族的家长，和大家分享畲族的清明食俗——乌稔饭。这些做法就是要让学生在活动中喜欢上传统节日。

三、时——教师通过搭建智库，实现学习时空的无限性和连续性，让学生感悟节日精神，增强文化自信

在研究学习的过程中，学生会发现与传统节日息息相关的一些风俗和人物，从这些风俗和人物中能感受到民族精神和力量。教师可以此激励学生积极向上，树立正确的人生观和价值观。

学生在了解清明节的过程中，发现清明这个传统节日还和中国古代传统节日——寒食，有密切的联系。古人很重视这个节日，按风俗家家禁火，只吃现成食物，故名寒食。如此又衍生了活动——了解寒食节，了解介子推的故事，感悟介子推"割肉奉君尽丹心，但愿主公常清明"这种无私奉献的精神。

四、界——学校借助开放的平台，为学生提供无墙教师，让学生展示学习收获，内化情感，传承文化精神

经过以上三个环节，一个传统节日的系统学习接近尾声，此时应引导学生进行小组成果展示，内化情感，传承文化精神。

以四年级清明节项目式活动为例。语文课前 10 分钟作为小组展示时间，学习小组以"百家讲坛之我话清明"系列活动汇报学习成果，开展了"清明的由来""文学作品中的清明""清明的习俗""寻'味'清明""清明的那些事与人""今日'清明'如何过""清明追思，缅怀先烈"活动。学生在汇报学习过程中，通过说一说，说清明的由来；演一演，演关于清明节的作品和故事；做一做，做清明节传统风俗活动；尝一尝，尝清明的时令食物；悟一悟，悟人物的高尚情感；赞一赞，赞人物的精神，追思那些与节日相关的人物；辩一辩，谈我们该如何传承传统节日文化。这个环节是对一个传统节日的回顾也是总结。学生在这个总结与回顾的过程中能力得到了提高，情感得到了深化。

五、结语

在五维课堂理念下，学生通过传统节日文化的探究性学习，深入了解了传统节日背后所蕴含的文化。对于曾经绘就文明华彩篇章、致力于创造文化新辉煌的中华民族而言，文化自信源于"古"而成于"今"，文化自信既指向历史也指向现代，我们可以充分利用传统节日和它们所蕴含的优秀传统节日文化，科学地发掘其中穿越时空的因素，通过文化的积淀、传承、创新和发展提升小学生传统文化的参与感和文化自信。

中学美术课堂教学中色彩情感教育的渗透研究

王　远

人类精神生活最重要的组成部分就是情绪以及情感，这也是人类经验中最亲近的体验。而德国当代著名教育家斯普朗格则说过："教育绝非单纯的文化传递，教育之所以为教育，正是由于它是一种人格心灵的'唤醒'，这是教育的核心所在。"美术课程是传递人类文化以及思想的重要渠道，通过课堂审美思想以及价值观的培养等，能够帮助中学生更好地表达个人视觉感受，并通过具体的作品将情感寄托其中。由此，在当前全面素质教育以及追求中学生全面发展的情况下，情感教育成为美术课堂中良好的教育手段，起到培养中学生审美情趣，陶冶情操的作用。而要做到这一点，离不开中学课堂中教师对学生的情感教育渗透。

一、情感教育与中学美术课堂教育的关系

情感教育的概念最早是由美国教育心理学家克拉斯沃尔和布鲁姆提出的。现如今在教学改革不断加深的情况下，学生全面发展的目标实现离不开良好的情感教育。对于中学生而言，此阶段需要强调自信以及自律等信念，需要教师传授给他们一些实际的自我情感调控的基本办法，尤其是要引导他们树立高尚的社会理想，也需要学校设计一些丰富多彩的活动来丰富他们的课余生活。可以说，中学是情感教育非常重要的基础阶段，也是情感教育的黄金阶段。

如果说小学阶段是鼓励小学生正确且恰当地表达自我情感，培养他们基本道德观念以及责任感的话，中学阶段则是注重多种情感体验的深入化以及反思化，及时矫正中学生的负面情感体验，进一步帮助他们形成自我

价值观。而中学阶段面临着繁重的课业，在中学的教学过程中，"知识与技能、过程与方法、情感态度与价值观"是非常重要的三维目标，其中"情感态度与价值观"目标则是最难实施的，而中学美术教学可以帮助学生在绘画等实践过程中实施"情感态度与价值观"的教育，情感教育是中学美术课堂教育非常重要的组成部分，中学美术课堂通过情感教育的具体实践，达到帮助学生树立正确的"情感态度与价值观"的教育目的。

二、情感教育在中学美术课堂中的具体实践

（一）中学美术课堂教学中色彩表达情感的重要性

"色彩富于表情，具有强烈的感情性。"色彩的情感教育在中学美术课堂中有着极强的"生命力"。一方面，学生能够通过不同色彩感受到画家的不同气质以及情操、创作风格；另一方面，对于色彩的正确认识对于学生美术审美以及其他方面审美的提升都有着非常重要的意义。例如，绿色给人青春、朝气之感，白色给人纯洁、神圣、哀伤之感，橙色给人明亮、温暖之感等。所以美术课堂中色彩的表达是最为直接的情感教育渠道。

（二）中学美术课堂教学中色彩情感教育的案例分析

美术是用线条、色彩、形体、构图等造型手段来表达作者自己的情感和对周围世界所抱有的激情态度的艺术形式。而色彩作为最直观的手段之一，在教学过程中对情感教育有着不可替代的作用，也有着独特的优势。所以以下以具体的课堂实践来阐述中学美术课堂中的色彩情感教育，以七年级美术《画家笔下的色彩》为例，以"走进莫奈"为主题，遵循感知—情感—表现的教学流程对色彩教育进行具体的阐述。

1. 感知阶段

在感知阶段，教师一般都会给学生讲述画家的生活经历以及创作背景等，而实际上在注重色彩情感教育渗透的理念下我们更应该注重细节的展示，由远及近，由他者及自我，关联到自身，才能够让学生产生更为主动的色彩印象。以莫奈的《日出·印象》为例，可以让学生先回忆印象中的最美日出，让他们有一个感性的认识，再谈谈日出那一刻的感受与印象。

例如印象中的日出通常是什么色彩，而不同的日出时刻是否也有着不同的色彩变化，又是否代表着不同的意义……通过这样具象的色彩唤醒，让学生对日出有一定的情感认识，并且回忆的过程也是一个审美与判断的过程，包括描述所见日出的色彩形象等，此时再让同学们交流哪次日出是印象最深刻的，契合"日出·印象"的主题，也由他者及自我，产生关联，达到初步感知色彩与情感教育的目的。

2. 情感阶段

情感阶段主要是在感知阶段的基础上，让学生进一步地"触景生情"。相比直接导入式的画家经历介绍，渗透色彩情感教育的画作明显更能够调动学生的积极性与主动性。在感知阶段，学生通过回忆"日出·印象"已经具有了初步判断，并且感知了色彩，到了情感阶段，则回归到具体的美术作品中，加以色彩情感教育。例如首先从《日出·印象》的整体色彩以及突出色彩进行感受，通过笔触等表现手法的讲解，由色彩表达引申到作者所表达的情感思想，让学生感受作品中色与光的视觉冲击力的同时，对于作者所表达的情感准确地把握，包括画家对自然以及景色的描绘，然后教师对学生个人追求以及思想进行引导，将这种率真与超群的艺术感染力传达给学生。所以在这一过程中，情感教育是通过色彩引导的，教师让学生明白色彩可以传达情感，表达自我风格，表明自我心智。

3. 表现阶段

有了感知阶段以及情感阶段色彩情感的渗透，此时可进入表现阶段，让学生将感受表现出来。例如留下课后作业，分小组分别给予他们不同主题的绘画作业，包括"晴天的日出""乡村的日出""山间的日出"等，或者通过色彩的自由发挥与审美表达，让学生在日出上自由搭配色彩，表达"浪漫""哀伤"等不同主题的"日出·印象"。虽然有些主题不符合现实情况，但是毫无疑问，色彩可以表达学生的个人审美，表达他们心中的"日出·印象"，这也是色彩情感教育渗透的重要一环。正如杨建滨教授所言："美术教育是最不强调一律性的教育之一，美术课程也是最不追求标准答案的课程之一。"正是由于这种"不唯一性"，更需要学生展示独特的个性，注重审美以及体验过程中的态度。

三、色彩情感教育渗透的启示

(一)教学内容贴近生活

"艺术来源于生活又高于生活。"对于中学生而言，不单单是要培养他们的审美以及情感价值观等，更重要的是通过课堂的教学让他们有着情感选择与判断，并将这种情感与判断内化为自己的个性与独特审美，所以中学生的兴趣尤为重要，而对于一些比较"遥不可及"的作品需要将其贴近生活，将教学内容与生活进行较好的结合，让学生认为这些作品能够与自己的生活息息相关，从而在这种熟悉感下产生主动性和参与性，这也是进行情感教育的前提。由此摒弃教师传统固化式的讲授，使课堂注重学生的主体性与参与性。

(二)教学情境符合学生实际

"寓情于景"是古诗中经常讲到的，而在美术的情感教育中同样适用。人的情感容易在某种特定的情境中产生，这个过程就是一个很好的情感教育过程。而色彩作为美术表达的基本手段之一，教师可以运用其智慧、幽默以及耐心，利用色彩为学生营造出一个良好的情感感受氛围，包括引导学生产生积极的思考，对相关的课堂内容产生积极的回应，"百闻不如一见"便是如此。营造的具体教学情境能够让学生得到启发。例如在"日出·印象"的色彩情感教育中，教师可率先示范，又或者在给同学们留下作业的同时，也创作出属于自己审美的"日出·印象"画作，与同学们共同进步与探讨。

四、总结

色彩情感教育对于帮助学生树立正确的情感态度与价值观有着重要意义。哲学家柏拉图认为"艺术是情感和想象的最佳营养品"，并且美术能够最大程度地满足人们精神等方面发展的需要，由此我们必须重视美术教学中的色彩情感教育，这也是最为基本且直接的情感教育方式。

基于核心素养的初中物理深度学习课程
创新及案例分析

李　琳

21 世纪是各学科、各产业相互融合，互相促进的时代。在教育领域，各国将教育目的聚焦在核心素养培育上，通过 STEAM 教育、PBL 项目学习、深度学习等方式，使学习者在情境中获得成长性经验，再迁移并创造性地运用，真正实现用所学解决问题和创造新意义、新知识，实现教育培养全面发展的人的目的。在教育中，学生的关键能力通过"做事"的项目来提高，而学生必备的品格与价值观念则需要通过学会"做人"的项目来培养。我们在"做"中渗透核心素养和融合学科特点，通过合作解决真实情境中的复杂问题，培育学生的合作交流能力、动手操作能力、创造能力与批判思维；通过深度学习引导学生深度地参与、思考、分析、合作，真正激发学生的内在能动性，通过超学科的融合，培养和提高学生的创新、合作、学习能力，将学生潜能最大化，真正地提高学习素养，为终身学习创设情境。

一、认识深度学习与物理核心素养

深度学习，是指在教师引领下，学生围绕着具有挑战性的学习主题，全身心积极参与、体验成功、获得发展的有意义的学习过程。深度学习的特征体现在学习者通过全身心（思维、情感、态度、感知觉）参与有挑战性的学习互动，将知识内容迁移到新情境中以解决生活中的实际问题，并通过与他人的合作与沟通，形成正确的价值观，形成有助于学生自觉、终身发展的核心素养。

物理学科的核心素养包含物理观念、科学思维、科学探究、科学态度与责任，是以学生终身发展为本，为每个学生的学习与发展提供机会，使学生的潜能都得到发展。

深度学习与培养物理学科核心素养不谋而合，两者的有机结合，既可以促进学生的发展，也是培养学科核心素养的有效途径。所以，探索出基于物理学科核心素养，触发学习者深度学习的方法，对提高初中的物理教学质量起着重要的作用。

二、基于核心素养的深度学习设计在课例《生活中的透镜》中的应用

初中物理课堂的创新设计与教学工作能否有效地开展，取决于学生对于物理领域求知和探索的渴求有多强烈。此外，一味地接受长辈和老师的说教，会导致学生对解决实际问题缺乏真正的心灵上的感受，只是单纯了解但并不能在心里真正地接受而在行动上落到实处。只有理论与实践相结合，给予学生们更多的物理实践和提高动手能力的机会才能从根本上提高学习者对于物理思维的了解和对于物理领域探索的兴趣，才能进一步提高初中物理课堂的教学质量和教学效率。

（一）开放性问题设计，触发"多维思考"，促进科学思维发展

在九年义务教育学习中，学生学习的科目比较多，更需要教师利用深度学习，积极培养学生跨学科、超学科融合的学习思想。同时，在教学上，教师也需要改变传统的教学方法，将理论与实践相结合，使学生在情境中感受"物理源于生活，物理走向社会"。

在《生活中的透镜》的教学设计上，我将本节内容与科学技术实际应用联系在一起，利用国家航天局对外公布的《嫦娥五号落月过程》的视频导入，展示由降落相机拍摄的震撼场面，增强学生的民族自豪感和振兴中华的责任感。

在认识照相机成像特点的过程中，我设计"怎样组装镜头和光屏才能实现照相机的功能"主题，让同学们两人一组自由组装自制的相机。同学们观察镜头和光屏的不同结构，分辨出镜头和光屏，并通过两者互换、距离调整等探究过程，最终确定下最佳组装方式。学生在尝试过程中培养了

探究精神、理论分析的科学思维，也实现了对相机内部结构由不可见、复杂化到可视化、简单化的了解过程，为认识照相机成像奠定了基础。在小组汇报中，学生通过组织语言准确地表达了小组的观点。这一过程培养了学生小组合作能力、语言表达能力、动手操作能力，增强了他们探究的愉悦感和自信心，可谓一举多得。

在认识投影仪环节，我引导学生利用逆向思维，尝试将照相机改装成投影仪，并抛出导问"照相机可以改装成投影仪，在光屏上得到放大的像吗？""你猜想的依据是什么？"学生结合前面所学——光路可逆，设计将较小的投影片放在底片的位置，用手电筒增加亮度后通过镜头在光屏上形成放大的像。整个过程以未知为起点，通过逆向思维，培养了学生的质疑、举证的意识。

（二）探究性情境设计，储存"科学形象"，培养解决问题的能力

教师在对课堂进行设计时，需要充分地考虑课堂的实际情况，设计的教学内容要能被学生所接受，更好地吸引学生。所以，这就需要教师将课本中枯燥乏味的相关知识点设计成有趣的问题，引导学生积极思考并将学生组织到课堂中。

在本节课探究照相机成像特点环节，我组织学生利用生活中的素材（PVC 水管、凸透镜）自制了照相机。学生通过自制的相机观察屏幕上的卡通孙悟空，将光屏上观察到的像和屏幕上的物体进行大小、正倒的对比。这样做既落实了课堂重点又使课堂变得更生动有趣。通过拍照投屏，将实验过程和结果可视化，本节重点得到突出。我再开展深度探究"拍照达人请帮忙"，利用本节知识指导生活情境：拍全班照，怎么调节？拍个人特写照，怎么调节？整节课学生兴趣盎然，既学到了物理的知识又在情境中感受了物理是有用的、生活中处处有物理。

在认识投影仪成像特点的过程中，我设计了"学生自制投影片"环节，请学生自己设计投影片的图案、文字，并用红笔画在透明膜上。我将物理与美育相结合，在激发学生兴趣的同时，提升了他们的自豪感和幸福感。当周围的白墙上显现出清晰、明亮的作品时，在听课老师和同学们的热烈掌声中，学生的自信心和愉悦感愈发强烈，更激发了他们主动参与的意识。

在认识放大镜成像的环节，我提供了生活中常见的物品，烧杯、水、滴管、放大镜、玻璃板等，并请学生利用我提供的事物，将特小号文字放大。学生们表现出了浓厚的探究兴趣，各小组集思广益，进行各种尝试，探究身边的物品哪些有放大功能。整节课的设计环环相扣，每一环都有小惊喜、每一个项目都是基于学生的兴趣和已有知识设计，学生的主动性和参与的兴趣被逐步提高，课堂真实地还给了学生。

在本案例中，将课堂习题情境化，也提升了学生解决问题的能力。在学习了照相机和投影仪成像特点后，我通过提问组织学生利用自制教具现场解决了以下问题：

（1）现在要尽可能多地拍教室里所有的人，该怎么调节？给其中一位同学特写又怎么调节？

（2）将红岭中学的标记通过投影仪放大到屏幕，请两位同学来合作演示：使成像更大该怎么调节？

（3）小于同学正在用"自拍神器"摄影留念，与用手直接拿手机自拍相比，利用自拍杆有什么好处？

（三）应用与评价的多维设计，在"探索""发现""经历"中获得发展

我们的教学，以生活环境为背景设计相关的教学情境，在教学的过程中充分地利用相关的多媒体设备，充分地利用网络资源，不断地更新教学手段，同时，丰富教学知识内容，利用好实验的环节，不断提高学生解决实际问题的能力。

整个教学过程内容多维（体现共性、关心学生个性；关注探究过程、探究结果；重视理论学习、重视实践、培养解决问题的能力；重视方法和技能的掌握，重视学生间的交流与合作）、呈现方式多维（个体探究体验、小组合作探究、多媒体拍照截屏、教师演示等）、评价方式多维（学生自评、组间互评、教师评价、学生与教师互动评价等），归根结底是重视了与学生发展相关的内容，尤其是创新精神和实践能力的发展。

此外，课后作业也是多维度、分层布置，让学生学用结合，深化物理为生活服务的意识。作业1（动手操作），根据投影仪原理自制家庭影院，简单、易操作，学生感兴趣。作业 2（书本），完成课本《动手动脑学物理》A组 1～4 题，B组 1～3 题，充分考虑了学生的个性化发展。

三、发展核心素养，落实深度学习设计，实现学习者的创造性发展

这节课教师先让学生利用自制教具感性体验，再利用多媒体技术"希沃白板"平台，拍照投屏聚焦定格、声画并举，使探究过程和结果"可视化"，消除了探究实验实践性和瞬时性的矛盾，同时，也让所有同学共感探究过程和结果，与自己观察的结果相对比，加深印象；最后创设情境让学生现场应用所学知识，多维度地在情境中深化和应用知识，总结促使科学回归生活，为生活服务。

无论什么样的教学方法，都需要与实际的教学情况相结合；无论何种教学手段和呈现方式都是为学生的学服务。学生可以在教师的导学中实现装置的设计创新以及改进，教师可在学生提出自己独特的想法和见解的过程中培养学生的想象力和创造力，实现其思维的创新发展。教师通过对相关知识、概念和习题的情境化表达，触发学生的主动参与、激发学生学习的兴趣，使学生在参与和体验中探究、合作、交流能力得到不同程度的发展和提升，然后设计一些比较有难度的问题，让学生在挑战的过程中由学到用，解决由简单到复杂的问题，体验成功的成就感，让学生在实际操作的过程中将理论知识化为自己掌握的知识和技能。

基于物理学科核心素养培育的深度学习的教学，通过设计和体验，真正激发了学生学习兴趣与探索热情，对帮助学生形成物理观念，训练科学思维，提升科学探究的能力，培养科学的态度和责任心有重要的作用，同时，也使学生的物理学科核心素养得到了有效的提升。

在交流、互动的课堂教学中实现主导与主体的统一

李　琛

运用是英语学习者学习的主要目的。我国传统的英语课堂，往往以英语语法教学为主，以争取笔试高分为目的；传统的以教师为中心的教学模式也从根本上制约了学生主动参与的积极性，使学生缺少主动参与语言实践的机会。其直接的后果就是学生学习了一门语言，最终却不会运用这门语言。为了打破这种教学模式，使基础英语教育适应我国经济建设和社会发展的需要，教育部颁布了《义务教育英语课程标准》并不断修订，在"以人为本"的基础上，提出了六个基本理念，其中"突出学生主体，尊重个体差异；采用活动途径，倡导体验参与；注重过程评价，促进学生发展"为现阶段的英语教学指明了方向。

在教学中切实处理好课堂上的师生关系是上好一节课的基础。我认为在教学活动中，教师应该起主导作用，而学生是课堂的主体，应占主体地位。这与英语新课程标准中的要求是相一致的。

表现在课堂上，教师是课堂的"引领者""信息资助者"和"组织者"。学生是课堂的主体，教师应当充分调动学生的积极性，发挥学生的学习主动性。

为更好地发挥教师的主导作用和学生的主体作用，在英语教学实践中，教师可以采用交流、互动式的教学模式，做到教师善于引导、学生主动参与，课堂上师生交流、生生交流、师生互动，在交流与互动中发展教与学，使学生在知识习得，语言技能运用和情感升华等方面得到应有的提高，真正地实现主导与主体的统一。而如何才能创造交流、互动的课堂呢？

交流互动的课堂主要体现为师生互动，教学互动，即通过启发、讲授、交流、讨论、运用等一系列过程，使学生达到掌握所学并能熟练运用的目的。在教学中，教师应加强对学生的英语技能的训练，在学生原有知识水平的基础上，通过多种形式输入新知识，帮助学生加工和重组新知识，引领学生通过不同形式的课堂活动运用所学的知识，从而完成掌握新知识、运用新知识、提高语言技能的全过程。交流、互动的课堂是学生增加知识积累，提高英语运用能力的一个很好的平台。

交流、互动式的课堂教学有四个基本的教学环节：教师启发、学生认知、合作学习和交流反馈。在这四个教学环节中教师的主导作用和学生的主体作用都会有充分的体现。

一、教师启发

在教学中，学生的思考是以教师的启发为基础的。教师可根据学生个性特点和实际知识水平的掌握情况，在课堂上营造一种让每个学生跃跃欲试的宽松、民主、积极的教学氛围，创设符合教学内容的情境，提供与课堂教学内容紧密联系的话题，在上课伊始就充分调动每位学生参与课堂的意识和热情，并在后续的教学过程中设计较为丰富的活动，激发学生的学习兴趣及创新动机。

此时教师的引领作用充分地体现出来，正是教师的引导教学，使学生在对新课有一种感性心理准备的同时，积极地思考教师所提的问题，并对这节课要讲解的内容充满了想象和学习兴趣。

二、学生认知

在学习新内容之时，教师为学生设置的丰富多彩的任务情境可以充分调动学生学习的积极性，使他们迅速投入英语学习之中，新的问题就像头脑风暴一样，能激发学生的思维，使之产生新的观点和想法。这时教师就可以在学生回答问题时适时抛出本课的知识重点，并通过自己的示范，让学生对将要学习的内容有所感悟和思考。在教师向学生明确本课的学习目标，明确学习要求后，学生可以独立学习，独立思考，在课本中发现问题、研究问题，为小组合作学习做好准备。

三、合作学习

学生在自主思考、初步感知新知识的基础上，开始进行合作式的学习。教师在学生合作学习前应当注意多角度、多方位地设计各种与课文相关的任务型和思考型问题，帮助学生不仅理解和掌握所学内容，还要利用现学知识，结合已学知识去开发新智慧，创造性地完成学习任务，并在此过程中培养创新、开拓性思维。

在学生小组合作学习的过程中，教师可以设计学生自主提问的教学环节。在此环节中，学生通过小组合作学习，自主设置问题，进行组与组之间的互问互答。这种教学方式基本实现了由"教学生学会"向"教学生会学"的转变，学生成为课堂上的完全主体。在学生认知和合作学习过程中，学生是课堂上的完全主体，学生在认知过程及合作学习过程中或独立思考，或相互讨论，分享各自的想法和观点；在认知及合作学习中，学生自主思考，自主探究，在课堂活动中习得新知识，运用新知识，在语言技能运用和情感升华等各方面都得到了应有的提高。而在这个过程中，教师充分发挥其组织者和信息资助者的作用，组织学生合作学习、讨论，并帮助学生解决在认知新知识及合作学习过程中遇到的困难。

四、交流反馈

在学生自主、合作学习结束后，教学进入生生、师生交流阶段。生生交流、师生交流，让每个学生都有机会充分展示个人观点，展现所学所想，而学生的多元化观点，多角度的思考方式更会相互感染、相互碰撞，产生意想不到的效果。

这种以学生为完全主体，教师组织协助的交流方式，真正让学生"动"起来，让英语教学"活"起来。在课堂教学中，教师设计多样性的活动，从学生的思维出发，不忽视学生的认知能力和过程，并在活动过程中给学生充分的思考、合作学习和交流的时间。在教学活动的每个环节，教师通过设置引导式的、有明确目的、有层次性的问题，使学生对所学的内容有了更深刻理解的同时，也使他们的自学能力和分析、判断、推理等多种思维能力得到提升；而通过活动中的交流，学生们的语言技能得到提高，学习潜能和创造力得到发挥，还形成了良好的心理素质。

交流、互动式的课堂教学，强调以学生为主体，英语教学不再只是教师向学生讲述知识的过程，而是学生主动探索，自主学习，合作讨论，体验学习的过程。教师引导学生通过认知学习、合作学习和交流反馈的过程，达到尽可能多地习得语言知识，发展自主学习能力，提高语言运用技能和个体的个性品质的目的。因此有计划、有目的地构建交流、互动式的课堂，营造一个轻松和谐，充满生机和韵律的课堂气氛可以更好地实现教与学的有效结合及相互之间良性的促进，实现课堂上主导与主体的统一，从而有效地提高英语教学的质效，使英语课堂成为师生实现情感交流、思想碰撞和学生习得知识、享受审美、开发潜能的过程。

教师教学的质效直接决定着教学效果，决定学生的学习成绩。要达到提高教学成绩的目的，教师应该注意以下几点。

（1）注意课前的教学准备。教师应该在课前充分理解课堂教学中所用文本的内容，了解文本的结构、特点、特征，并能准确地传递给学生相关信息。

（2）注意教学目标的设定。课堂中教师设定的教学目标应该根据教学内容、学生的实际能力和现有知识水平而设定，应该是具体、可测、可实现的。

（3）注意教学活动的设计。教师要充分考虑到教学活动的设计目的，在教学目标指引下做活动设计。

在教学活动的每个环节，教师设置的问题都应该有明确的目的，且所设置的问题应有层次性，由浅入深，照顾到不同层次的学生；问题的提设方式应以引导式为主。在不同的教学环节，活动的设计应注重多样性，从学生的思维出发，不可忽视学生的认知能力和过程，并在活动过程中给学生充分的阅读、思考、合作学习和交流的时间。在运用环节，为使学生顺利地掌握所学知识，提高语言技能、技巧，教师不但要注意所设置练习的数量，而且要提高练习的质量，不断改进练习的方法。

（4）注意课堂上的主体。在教学活动中，无论是哪个环节，其基本出发点是学生，学生是课堂的主体。课堂应当充分发挥学生主体的积极性。在整个教学过程中，教师要力图做到面向全体学生，通过设置不同层次，不同形式的问题，采用小组合作讨论学习等方法，既让学习能力较优的学生得到思考和创造性发挥的机会，又让优等生带动学习上有困难的学生，使每个学生都能掌握课堂教学内容，发展相应的能力，从而做到让各个层次的学生都能在知识习得，语言技能运用和情感升华等方面得到应有的提高。

（5）注意教师的角色。在发挥学生主体性作用的同时，英语教学课堂上教师也应发挥好自己在导入过程中的"引领者"，阅读过程中的"信息资助者"，运用过程中的"组织者"的作用。教师应增强自己的课堂掌控能力，清晰地表达自己的要求或活动指令，引导学生进行独立思考、表达观点等。

立德树人，助力语文教学

陈　肃

《义务教育语文课程标准》指出：语文学习要注重语文与生活的联系，注重知识与能力、过程与方法、情感态度与价值观的整体发展。

语文教材讲求文质兼美，语文课程人文内涵相当丰富，体现了很高的精神价值。教材课文都是很好的媒介，教师上课时要紧紧抓住能体现其价值取向的"语文点"引导学生自主感悟，培养学生价值判断能力，助其形成价值品质，进而实现情感、态度、价值观的培养目标，为学生形成健全的人格和主动担当并有作为的品行奠定基础。因此，如何在小学语文教学中结合学生的认知特点、语文能力、生活体验等诸种要素，真正有效树立社会主义核心价值观，已成为备受关注的热点问题。我在小学语文教学紧扣契合点，积极融入社会主义核心价值观方面，曾做过有益尝试。下面拟结合个人实践，谈三点心得。

一、面对现实，修己安心

习近平总书记强调指出："在细照笃行中不断修炼自我。"何谓细照？这里有外部观照，也有内部自省。何谓笃行？同样至少有两个方面，一是有优良的品德，二是有切实的行动。在这种外观内省和个人自律、德行不亏的语境中，做到行重于言。因此，习近平总书记提到的"细照笃行"，是修炼自我的重要条件，而如何修炼自我则是教育的重要课题。我在语文教学中，遵从以上原则，受益良多。在具体教学过程中，我尝试根据学段特点、学生的认知水平，引导学生理性面对美丑，辩证面对得失，正确面对名利，使学生们形成正确的价值取向，形成积极乐观的生活态度。

例如，我教《落花生》时，引导学生理性面对美丑。《落花生》（人教版第九册15课）一课的教学重点是由表及里地了解花生的可贵之处，理解父亲赞美花生的话的深刻含义，从中体会做人要做对他人和社会有贡献的人。

在课堂上，我展示父亲说的话：①花生的好处很多，有一样最可贵：它的果实埋在地里，不像桃子、石榴、苹果那样，把鲜红嫩绿的果实高高地挂在枝头上，使人一见就生爱慕之心。你们看它矮矮地长在地上，珠玉深藏，等到成熟了，还很难立刻分辨出来它有没有果实，必须挖起来才知道。②做人要像花生，虽然不好看，可是很有用。在理解父亲说的话之后，为了培养学生正确识别好恶美丑的能力，我这样引导学生：

教师：父亲用桃子、石榴、苹果和花生作比较，是不是桃子、石榴、苹果就不可贵呢？

学生甲：是的，因为桃子、石榴、苹果长得好看，并没有什么用。

教师：好看就没用，这话说得没道理。

学生乙：不一定，因为桃子、石榴、苹果的用途没有花生多。

教师：不同的果实作用不同，桃子、石榴、苹果的用途没有花生多，没有科学依据。

学生丙：我认为它们都有各自的生长特点，成长规律，没有可比性，它们都有自己的可贵之处！

教师：这就是学习这一课的另一个目的——我们不仅要学会面对自己的优点和缺点，也要学会正视他人的优点和缺点，在交往中互不伤害，积极向上地生活。

此课例，借助"父亲说的话"，点拨指导学生建构积极的价值观，学会欣赏自己的长处和正视自己的短处，学会尊重他人的优点和包容他人的缺点，减少生活中由攀比而产生的烦恼，由嫉妒而产生的憎恨，从而树立正确的美丑观。

又如我在教《伯牙绝弦》时，分析伯牙绝弦原因的时候，我引导学生把原文按因果关系分成两个场景：一是伯牙所念（因）；二是子期死，乃破琴绝弦，终身不复鼓（果）。确定因果后，学生能感悟到知音难觅是破琴绝弦的外因，那么内因是什么呢？根据社会背景，人物处境，我引导学生分析伯牙的内心世界，应当是充塞孤独、无奈，是凄苦常伴，并极其渴望理解和欣赏的。但他获得子期的欣赏后终又失去，这里正好体现出人物心理的阴晴两极：得到时欣喜若狂，失去时悲痛欲绝。情绪的巨大变化，让行为失控——绝弦！从此放弃了专长，舍去了前程，封闭了自己。对于这一结论，我们为子期庆幸——有这样的知己！为伯牙遗憾——与世隔绝！讲授到此，对于解释伯牙绝弦的内因——得失难调、悲喜难控，就水到渠成了。本课最重要的，就是引导学生辩证面对人生得失，得到不骄，失去不馁。无论得失，都需常存善念，懂得珍重。

社会主义核心价值观教育的最终目标，是培养学生树立正确的世界观、人生观、价值观，建立健全的人格，是让学生在面对美丑时，学会尊重理解；面对名利时，能淡然置之；面对得失时，学会客观公正不偏不倚地去看待人生、积极生活。同时，还要教育学生做一个心中有智，心中有情，魂中有勇的积极向上的个体，达到修己安心的境界。

二、心系乡亲，修己安人

小学语文人教版教材四年级下册课文《搭石》的作者，选择了以在家乡司空见惯的搭石为素材，让摆搭石、走搭石等一幅幅画面交相映入眼帘：

> 急着赶路的老人，只要发现搭石不稳，就会停下匆匆的脚步调整搭石，他一心为他人着想，助人为乐，构成了家乡的一道朴素而又绚丽的风景。
>
> 每当上工、下工，一行人走搭石的时候，动作是那么协调有序！前面的抬起脚来，后面的紧跟上去，节奏起伏，像轻快的音乐，韵律十足；清波漾漾，人影绰绰，宛然若画，充满美感。
>
> 假如遇上老人来走搭石，年轻人总要伏下身子背老人过去，人们把这看成理所当然的事。
>
> 如果有两个人面对面同时走到溪边，总会在第一块搭石前止步，

招手示意，让对方先走，等对方过了河，俩人再说上几句家常话，才相背而行。

上述画面洋溢着浓郁的生活气息。教学时，我不仅让学生们感受到如此温暖的画面，让学生们体会到搭石上有美，搭石上有情，更让学生感受到生活在家乡的纯朴的乡亲们，把互相谦让、互敬互助、尊老爱幼、大善无言看作人伦之常。这其中的至美境界，也是极好的"语文点"。教学中我牢牢抓住契机，让这种人性美感染学生，浸润他们的心田，激发他们善良的秉性，使他们体会到人间真爱，充满为他人奉献的热望，以此逐渐形成修己安人的精神气质。

三、生死担当，修己安常

一个民族的荣辱观、生死观，也是价值观的有机构成。一个人只有具备了正确的荣辱观、生死观，才可能做到甘于牺牲小我，勇于选择生死担当，从而真正做到修己安常。这里说的常，就是及时不假思索地挺身而出，平时不辞辛劳地埋首坚持。前者与后者都是身心的净化与升华，也都直接体现了人的价值观。

小学语文人教版教材五年级下册课文《桥》，就为社会主义核心价值观的培养提供了很好的样本。作者满怀深情地塑造了一位普通的老共产党员的光辉形象。我根据本课教学重点，在设计中尝试抓重要词句让学生充分地读，层层深入地读。上课时，我让学生围绕老人"如何对待自己？如何对待儿子？如何对待群众？如何对待党员？"等问题，阐述自己的意见，并从这位普通的老共产党员的言行中，真切感受其内心光芒。课文最具有冲击力的内容，是面对汹涌而至的洪水，面对自己和儿子的生命所受到的威胁，老人无私无畏，不徇私情。他以自己的威信、沉稳、果决，将村民们送上跨越死亡的生命之桥。他把生的希望让给别人，将死的危险留给自己，用血肉之躯筑起了一座不朽的桥梁。这是我们党以老支书为代表的优秀共产党员密切联系群众为人民服务的"桥"，是无私无畏、不徇私情、英勇献身的桥。这篇课文在价值观教育方面，对学生无疑有着不可估量的潜移默化的影响作用。

小学语文人教版六年级下册《跨越百年的美丽》，则是一篇散文。文章从居里夫人的"美丽"着笔，具体描写了居里夫人为了探索"其他物质有没有放射性"这一问题而进行的艰苦研究。历经三年又九个月的冶炼、溶解、沉淀、分析；历经三年又九个月在烟熏火燎中搅拌矿渣；历经三年又九个月酸碱对肌肤的不断灼伤……她毅然决然地坚持！丈夫的早逝，社会的歧视，射线的辐射……都没有阻止她坚定、刚毅、顽强地前行！不屈的信念和坚持不懈的献身精神，成就了伟大的发现，铸就了这位女科学家伟大的灵魂。居里夫人对科学、对社会、对人类的贡献，诠释了完美人生的价值。这是跨越百年、千年的美丽，是历经万世而不凋谢的美丽，是宇宙之间光芒耀眼、难以逼视的美丽！这样一种美丽和端庄的形象，将永恒定格在历史的巨大册页上；她坚定、刚毅、顽强、执着的可贵性格将定格在每个人的心中；她视名利如粪土的人生态度将引导所有后来者，沉静前行，将让学生领悟到"岁寒，然后知松柏之后凋也"的高迈的精神人格，领悟人生的价值不在于金钱物欲，而在于为人类做出不朽的贡献。

概言之，语文学科作为人文底蕴最丰富的学科之一，就是要通过"语文"的途径教育学生完善自我人格，提升人生境界，并逐步加深对个人与社会、个人与国家间关系的思考和认识，为形成健全的精神奠定扎实基础。一句话，语文课要重视人格教育，从课文中挖掘素材，开展人生价值教育，实现教学目标。

初中物理教学中的模型化处理

石重明

建立物理模型是指在分析、解决物理问题的过程中，忽略次要和非本质的因素，抓住主要和本质的因素，对某一系统或物理过程做一种简化的描述和模拟。建模有助于抓住问题的本质，排除次要因素的干扰，使物理问题得以简化。建模也有助于正确理解一些抽象物理概念、物理规律和物理情景，使得研究物理问题较为方便，更易于探究事物的本质。在物理学研究方法中，建模是一种很重要的方法。它贯穿于整个物理学发展过程，物理学的发展可以说是伴随着建立物理模型和用新的物理模型来代替旧的或不完善的物理模型的过程。下面谈谈我对物理模型的理解。

一、物理模型在教学中的作用

建立和正确使用物理模型可以提高学生理解和接受新知识的能力。例如，我们在运动学中建立了"质点"模型，学生对这一模型有了充分的认识和足够的理解，为以后学习质点的运动、万有引力定律、物体的平动和转动，以及电学中的"点电荷"模型、光学中的"点光源"模型等奠定了良好的基础，使学生学习这些新知识时容易理解和接受。

建立和正确使用物理模型有利于学生将复杂问题简单化、明了化，使抽象的物理问题更直观、具体、形象、鲜明，突出了事物间的主要矛盾。建立和正确使用物理模型对学生的思维发展、解题能力的提高起着重要的作用。其可以把复杂隐含的问题化繁为简、化难为易，起到事半功倍的效果。

二、中学物理中常见的物理模型

物理模型是物理思想的产物，是科学地进行物理思维并从事物理研究的一种方法。就中学物理中常见的物理模型，可归纳如下。

（1）物理对象模型化。物理中的某些客观实体，如质点，舍去物体的形状、大小、转动等性能，突出它所处的位置和质量的特性，用一有质量的点来描绘，这是对实际物体的简化。当物体本身的大小在所研究的问题中可以忽略时，也能当作质点来处理。类似质点的客观实体还有刚体、点电荷、薄透镜、弹簧振子、单摆、理想气体、理想电流表、理想电压表等。

（2）物体所处的条件模型化。当研究带电粒子在电场中运动时，因粒子所受的重力远小于电场力，可以舍去重力的作用，使问题得到简化。力学中的光滑面、热学中的绝热容器、电学中的匀强电场、匀强磁场等，都是把物体所处的条件理想化了。

（3）物理状态和物理过程的模型化。例如，力学中的自由落体运动、匀速直线运动、简谐运动、弹性碰撞，电学中的稳恒电流、等幅振荡，热学中的等温变化、等容变化、等压变化等，都是物理过程和物理状态的模型化。

三、物理模型在教学中的运用

（1）建立模型概念，理解概念实质。概念是客观事物的本质在人脑中的反映，客观事物的本质属性是抽象的、理性的。要想使客观事物在人脑中有深刻的反映，必须将它与人脑中已有的事物联系起来，使之形象化、具体化。物理模型大多是以理想化模型为对象建立起来的。建立概念模型实际上是撇开与当前考察无关的因素以及对当前考察影响很小的次要因素，抓住主要因素，认清事物的本质，利用理想化的概念模型解决实际问题。如质点、刚体、理想气体、点电荷等，学生在理解这些概念时，很难把握其实质，而建立概念模型则是一种有效的思维方式。

（2）认清条件模型，突出主要矛盾。条件模型就是将已知的物理条件模型化，舍去条件中的次要因素，抓住条件中的主要因素，为问题的讨论和求解起到搭桥铺路、化难为易的作用。例如，我们在研究两个物体碰撞时，因作用时间很短，忽略了摩擦等阻力，认为系统的总动量保持不变。条件模型的建立，能使我们研究的问题得到很大的简化。

（3）构造过程模型，建立物理图景。过程模型就是将物理过程模型化，将一些复杂的物理过程分解、简化、抽象为简单的、易于理解的物理过程。例如，为了研究平抛物体的运动规律，我们先将问题简化为下列两个过程：第一，质点在水平方向不受外力，做匀速直线运动；第二，质点在竖直方向仅受重力作用，做自由落体运动。可见，过程模型的建立，不仅可以使问题得到简化，还可以加深学生对有关概念、规律的理解，有利于培养学生思维的灵活性。

总之，由于客观事物具有多样性，它们的运动规律往往是非常复杂的，不可能一下子把它们认识清楚。而采用理想化的客体（即物理模型）来代替实在的客体，就可以使事物的规律具有比较简单的形式，从而便于人们去认识和掌握它们。建立正确的物理模型可使我们对物理本质的理解更加细致深入，对物理问题的分析更加清晰明了。所以，物理模型在教学领域有着重要的价值。

小学数学学习两极分化现象的成因
与对策探究

邬小明

针对小学数学学习两极分化现象的成因与对策的研究十分必要，因其不仅有利于提高学生的数学成绩，还能够加快数学教师综合水平的提高。新课程新教学理念的逐渐普及，令小学数学的综合教育水平有所提升，但是存在的问题仍然不容忽视。一些小学数学教师在教学过程中对学生的主体地位认识不够，导致学生在课堂上的参与率较低，无法确保小学数学教学目标的及时实现。对此，我认为积极开展小学数学学习两极分化现象的研究要从教师内化新课程理念着手。

一、小学数学学习两极分化现象的成因

1. 学生个体原因

出现小学数学学习两极分化现象的一个重要原因是学生个体的差异性，一些学生的数学基础知识较为扎实，在学习具有难度的数学知识时表现出很突出的理解力，能够很好地跟上教师的授课节奏。但是也存在一些学生由于在学习过程中学习方法以及习惯或者环境等的影响，基础知识薄弱，无法完成教师布置的教学任务，无法在课堂上表现得较为活跃。此外，不同的人本身就有不同的天赋，一些学生在数学方面的能力相较于其他方面的能力较差，但并不意味着他们不能够在正确合理的教学方法引导下提高数学成绩。很多小学生的思想集中力不足，在课堂上错过了教师所讲的要点，课后又缺少复习的时间，课前的预习程度又不够，长期处于这样的状态，数学成绩便无法提升。

2. 教师教学原因

小学数学教师的教学理念决定了其教学水平，很多小学数学教师缺乏专业性，采取的仍然是传统的教学方法，不仅无法提高学生学习数学知识的兴趣，还会影响学生养成良好的学习习惯，不利于学生形成良好的逻辑思维能力。一些教师在教学过程中采取的模式僵化，针对不同情况的学生采取的是相同的教学方法，经常打击数学成绩较差的学生，将教学的重心集中在班上数学成绩较好的学生身上。这样的情况长期存在的话，本身基础较差的学生会对教师产生厌烦感，在课堂上注意力不集中，与被关注的学生之间的数学成绩差距越拉越大。

二、小学数学学习两极分化现象的对策

1. 关注学生实际情况，减轻两极分化

为了消除两极分化现象，教师应当关注学生的实际情况，掌握学生的数学基础水平，从而将素质教育贯穿在教学过程中，确保每一位学生都能够成长得更好。教师可以从不同学生的不同兴趣出发，激发学生学习数学的积极性。数学兴趣也是能够通过一定的时间培养起来的，教师可以设置一些生活化的情境，引导并鼓励数学能力相对较差的学生参与，让他们直接体会数学知识带来的乐趣。例如当进行"三角形内角和"的知识点教学的时候，教师便可以利用小学生的好奇心设置画图游戏，并指导学生对自己以及同桌所画的三角形进行测量，让他们在游戏的过程中自行观察并总结三角形内角和的规律、特征。这种方法避免了直接告诉学生三角形内角和的规律而带来的一系列问题，培养了学生的动手能力。

为了更好地制订教学方案，教师应当全面了解学生的实际情况，可以设置具体的测试方案，并联系学生其他方面的能力或天赋，积极地构建减少两极分化现象的办法。例如教师对圆周率进行讲解的时候，可以提前了解学生对于圆周率的理解情况，这样可以掌握学生的预习情况，并了解哪些学生具有提前预习的习惯，以及哪些学生对于提前预习并没有兴趣。有了这样的基本信息之后，教师便可以在课堂上根据不同学生的情况设置不同的问题，并将圆周率与日常生活联系起来，激发学生的数感，然后逐步地培养他们的数学思维能力。

2. 实施分层教学法，缓解两极分化

分层教学法的实施是建立在因材施教基本理念之上的，在缓解小学数学学习两极分化现象上具有积极作用。为了实现分层教学的基本目标，教师需要做好准备工作，认真剖析分层教育理念，并以此为标准设计教学目标、教学方法。对于那些具有良好的探索能力的学生采取引导的方法，对于那些基础知识较差的学生则鼓励他们先从掌握知识概念做起。例如，平行四边形的知识对于部分小学生而言并不具有难度，所以教师可以直接给这一部分的学生布置针对性的任务，促使他们探索平行四边形周长、面积等方面的知识。而对于基础能力较差的学生，则可以减轻他们的压力，从培养他们的学习习惯着手。分层教学法的实施技巧很重要，教师可以在给学生解释分层教学法的意义和价值基础之上将学生划分为优秀、中等、待提升三个层次，以小组形式开展教学以及学习工作。教师在实施分层教学法的过程中要防止差别对待，避免学生产生怨言。每一个小组之间的竞争力在这样的课堂氛围下会增强，坚持实施分层教学法可以改善部分学生的学习问题。

实施分层教学法要以尊重学生的主体地位为前提，并且要注重师生关系的优化，这样才能够让学生理解分层教学法。教师在课堂上以及课堂后扮演的角色是固定的，所以很多学生会害怕教师，尤其是一些学习成绩较差的学生，即使存在学习问题也不敢向教师请教，教师要及时发现这一类学生，并采取多鼓励少批评的方法，积极地引导学生探索数学知识，而不是强迫数学基础知识薄弱的学生完成大量难度较大的学习任务。例如针对同一道应用题，教师可根据学生不同的学习情况设置相应难度的问题，在一道考核三角形内角和规律和特征的应用题中，优秀的学生可以完成将题中数据转化为三角形有关内角的度数，而中等生则可以计算三角形各内角的度数，而待提升的学生则可以分析总结思路。学生在良好的课堂氛围中会更勇敢地提出问题，并在教师所创设的教学情境中发现学习的快乐。教师在实施分层教学法的时候需要考虑的是给不同层次的学生公平地想、说以及做的机会。

3. 构建多元化评价体系，多角度认识两极分化

教师以及学校在评价体系上应当加以调整和优化，防止对学生智能的

评价标准过于单一。采用多元化的评价体系可以提高学生的自信心，促使他们坚持做自己所热爱的事情。例如一些学生的数学成绩虽然相对比较差，但是在运动或者音乐、美术方面具有天赋，那么在评价的时候应当突出，而不是一味地将智能评价集中在数学、语文等科目上。不同的学生有着不同生活背景，所以在制定评价标准的时候要采取多样化的标准，结合学生不同的起点、不同的情况来开展分类评价工作，让每一个学生都能够在评价结果中看到一个全面的自己，使他们对自己的弱项保持警惕和自省，对自己的长处则加以保持。例如在数学试卷中设置附加题，做对得分做错不扣分，不仅可以激发数学能力强的学生的挑战性，还可以鼓励能力中等的学生获得额外的分数，对于待提升的学生也不会产生特别大的冲击。除此之外，在评价体系中融入生活实践成绩也很有必要，教师可以设置一些生活化的考核情境，例如给学生提供班费，令他们在学校小卖部购买清洁用品，根据他们在整个过程中计算能力、承担的任务等来打分，最终体现在期末考核成绩中。通过这样的办法来丰富评价体系的内容，一方面可以优化原有评价体系的不足，另一方面则可以让更多待提升的学生参与数学活动，逐渐对数学产生兴趣，缩小自身与优等生之间的差距，建立起自信心。

三、结束语

两极分化现象在小学数学学习中比较常见，必须引起重视。从小学数学的教学方面来看，教师应当承担重要的责任，并积极贯彻实施素质教育理念。两极分化的现象不应持续扩大，在教育过程中学生的学业成绩保持正态分布才是最佳的状态。本文从学生和教师两个方面分析原因，得出了具体的结论，并以此为基础提出了解决的对策，均与当前小学数学教育理念相适应，能够产生切实的效果。小学数学教学质量的提高需要经过很长时间的实践，在教学过程中积极地吸收先进的教育理念，开展针对性的改革工作，培养一批又一批优秀的数学教师，方能起到积极的作用，因此学校也要对小学数学教师进行培训管理，使得小学数学教师能够胜任教师岗位，在教学过程中以积极正面的方法传播数学知识。

初中地理课堂教学的有效提问策略

李周云

在日常教学中，当教师提出问题时，若学生回答不出来或不知如何回答，往往只能教师自问自答，课堂也就陷入了僵局，学生只能被动地接受知识，效率低下。这种现象，究其原因，除了学生怠于思考外，主要还是教师提问不当，比如问题太难，或问题不清楚，或给予学生思考的时间不足等。实践表明，教师能否进行有针对性、适时性的课堂提问对提高课堂实效影响很大。

课堂提问是教学的一种手段，是为实现有效教学而服务的。课堂提问贯穿整堂课，针对的对象有学生个体、教学过程以及整个课堂。对于学生个体而言，有效提问应当激发其深入、主动思考，理解知识；对于教学过程而言，提问应具有承上启下、调节进度的作用；对于课堂而言，能够吸引注意、活跃气氛的提问方可称为有效。所以课堂提问应是多样化的。但不论从哪个角度去看，提问必须符合教学目的，符合学情，即抛出去的问题要能够得到大部分学生的回应。

有效提问是由教师为解决某个知识难点而抛出的一系列清晰的、循序渐进的问题，通过学生的主动思考或反思并做出回答，最终促进学生思维有效发展的课堂教学提问方式。因此教师课前应当充分研习课标，确认教学重难点，选择符合学情的教学方式，通过设计每一个教学环节的引领性问题，并根据学生在课堂上不断生成的新问题，灵活机动地组织教学。

一、课堂提问常见问题

如果把学会发现和理解地理事物相关要素的内在关系作为地理学科过程性评价的核心，那么有效提问就是整个地理课堂教学的生命线。但现实的地理课堂提问往往会存在种种有效性缺失的状况，主要表现为以下几种情况。

1. 问题肤浅，无法体现学生思维深度

提问不设悬疑，学生不需要思考，直接看书本就能找到答案，这种属于无效提问。或者就事论事、就题论题，不注重引导学生思维的锻炼，这种提问效果一般。

2. 没有梯度，不能考查学生思维逻辑

知识学习有一定的梯度，在突破某些重难点时需要设计一系列问题来不断引导学生打开思维，即需要循序渐进地设计问题。而在实际教学中教师往往会忽视这个规律，例如七年级上册学习《全球气温分布图》时，教师直接提问："这幅图反映了全球气温怎样的分布规律？"虽然该知识点是学生需要掌握的，但不对素材分析直接提问最本质的内容会让学生觉得空洞，无从下手，打击了学生思考的积极性和突破难点的成就感。

3. 随意性大，难以创设学生思维情景

什么时候适合提问学生呢？一般来说提问应选择在新旧知识的过渡处或者学生容易混淆的地方。对于一个难点知识的突破，教师描述不清的提问会使学生无从下手，而如果对问题有一定的限定词描述，学生便会有明确的思考方向，从而做出教师期望的回答。例如在学习亚洲河流流向时，如果直接提问："亚洲的大河是什么流向？"学生可能七嘴八舌说个不停，但如果教师提问："受地形影响亚洲河流的流向是怎样的？"将问题具体化，学生结合地图观察，学习效果和思维能力都能够得到提升。

4. 问题过难，较少充分关注全体学生

课堂问题的提出需要循序渐进，最初的问题应该得到大部分学生的回应，随着知识的深入，后续问题要控制在学生可理解范围之内，这样即使学生不能够做出准确回答，当教师补充解释的时候学生能够理解也就达到了教学目标。

5. 无图提问，缺乏地理学习体验过程

初中地理知识点较少，难度要求低，一般在地图册上可直接找到答案。所以问题的设计可以从地图素材着手。在学生学习过程中，教师的提问可以图为本，看图、识图，直截了当，节约时间，直达目标。

　　高效、有趣、透彻的课堂不仅能够让学生获得扎实的理论知识和舒适的学习体验，锻炼学生的思维和语言组织能力，也能够增进师生感情，促进学生人格健康发展。恰到好处的提问，对于激发学生的学习兴趣，开拓学生思维，反馈教学信息，调节课堂气氛等都起到了很好的作用，从而大大增强了课堂教学的实效性。教育家陶行知先生有句名言"发明千千万，起点是一问，智者问得巧，愚者问得笨"，可见提问之意义不可谓不大。下面我将结合自身教学实践对七年级地理课堂的有效提问进行些许分析和探讨。

二、初中地理课堂教学的有效提问策略

　　1. 问题应紧扣教学目标，侧重重点和难点，并适当有所延伸

　　在有限的课堂上问题的设计不可"离题"太远，应清晰明了，紧扣教学目标，使提出的问题能够有效服务于教学目标，即问重点、问难点、问关键点。同时地理的学科属性决定了课堂教学的设计不应该局限于书本知识，而应激发学生的创造性，促进其发散思维的提升。所以可以适量设计一些扩展性问题，将知识点由点扩展成面，不断地丰富、完善，从而激发学生思维的广度和深度。

　　2. 问题需难易适度，有利于促进各层次学生发展的需要

　　我们要根据学生已有的基础和解决问题的实际情况来设计，即"应问谁"。同时问题应提得比学生的实际水平略高一些，但又能照顾到大部分学生，只有这样才能更容易激起学生的学习热情，让优秀学生得到思维的提升，让学困生得到鼓励性的学习体验，即"因人提问"，使每一个学生都能有所收获。

　　3. 尽量创设一定的情景，留有一定的余地

　　"学起于思，思缘于疑"，在课堂导入时新颖的提问能够迅速吸引学生的注意力，激发学生的好奇心，使学生产生跃跃欲试，急于求知的心理，为整堂课的主动学习埋下伏笔。同时问题的设计要能迅速与教学内容相结合，使学生思路一气呵成，思考更有条理，易于学习。例如在讲解地形地势对气候的影响时，我有一个提问：赤道地区会出现雪山吗？学生几乎不加思考就回答不会，而当我把非洲的乞力马扎罗山展示出来时，学生的脸上不约而同地出现了疑惑的表情，在接下来的教学中学生认真听讲，积极

思考，学习效果明显。

4. 问题当循序渐进，有利于训练学生的思维逻辑

逻辑严谨的提问是引导学生掌握知识的前提，是整堂课的核心部分。设置问题时，教师应该善于创建有条理、符合逻辑和学生认知心理的问题情境，搭建一座连接学生和问题的桥梁。对难点处反复设疑，通过一连串的问题，层层深入，由表及里，得出科学的推理与准确的判断，直至理解事物之间的内在关系。这样可以有效地开拓学生的思维，提高学生的逻辑思维能力。例如，在世界地形图的学习中通过对鸟瞰图、等高线图以及分层设色地形图的对比，逐层分析，得出每种地图的利弊，从而促进学生构建自然地图的思维体系。

5. 问题要贴近学生生活，充分考虑学生的生活体验

初一学生大多以感性思维为主，因此在进行课堂提问设计时，如果从学生所熟悉或较易感知的地理事物或现象入手，就能拉近学生与地理课程的距离，使学生对问题产生积极、愉悦的情绪，从而主动探究问题，积极参与课堂讨论，在分析和解决问题时获得激励性的学习体验。如在学习《世界的聚落》时，可以以深圳的发展来感受一个聚落在变迁中的种种变化，也可以引导学生从自然环境和社会环境入手分析深圳一跃成为国际大都市的原因。由于所提问题贴近学生生活，有效激发了学生学习地理的兴趣，促使他们兴致勃勃地投入学习，营造了良好的课堂教学气氛，取得了较好的学习效果。在讲授《天气与气候》的时候，教师引用受北方冷空气南下影响导致深圳大幅度降温的实例，提问：这种异常现象经常出现吗？出现的速度快吗？得出天气的特征——短时间，多变性，同时借用此时长春学生和深圳学生的穿着对比提问：深圳今年冬天的穿着和去年相比有没有很大的变化？得出气候的特征——长时间，相对稳定性。另外当堂播放一段与人类日常生活极为贴近的天气预报，使学生体验到地理课堂与我们生活的息息相关。

有效的课堂提问是实施有效教学的核心，是提高学生地理思维能力的助推器，因此在日常教学时我们要认真钻研教材，研究学生，选择合适的提问方式和提问时机，从而促使课堂提问的价值和功能得到最大程度的发挥，让学生享受学习的快乐。

第二章

五维课堂教育实践

（小学部）

五维课堂是以学生为中心，注重全面培养学生能力和素质的教育实践方法。在小学阶段，如何运用"五维课堂教育实践"来设计教学呢？第一，教学设计要紧密围绕教材内容和学生的实际情况展开，注重发掘学生的潜力和发展方向。教师要考虑学生的认知水平和兴趣爱好等因素，合理设置教学目标和内容，使之符合学生需求。此为本。第二，教学设计要符合国家和地方课程标准要求，以及学校制订的教学计划和安排。此为纲。第三，教学设计要灵活运用各种教学方法，注重学生的主体作用，提高学生的学习兴趣和自主学习能力。此为度。第四，教学设计要合理安排教学时间，保证教学进度的顺畅展开。此为时。第五，教学设计要创造良好的教学环境和氛围，提供适宜的教学设施和条件。此为界。

　　以上从本、纲、度、时、界五个维度对教学设计进行了思考和落实，以使教学更加贴合学生需求，只有这样，才能更好地促进学生全面发展，让学生在快乐中学习、成长。

《昼夜交替现象》教学设计

凌利平

凌利平

→ 学情分析

　　《昼夜交替现象》是六年级上册"地球的运动"单元的第 2 课。"地球的运动"单元，要求学生抛开书本上的知识，根据自己已有知识和经验作出假设，在后续课文中不断寻找地球运动的证据，并认识地球运动带来的各种自然现象。《昼夜交替现象》试图让学生对生活中再平常不过的昼夜交替现象的产生原因做出推测性的解释，即提出假说→建立模型→模拟实验验证模型→解释，由模型引领整个单元的学习。

　　前测数据如下（165 位学生参与前测）：

　　昼夜交替产生的原因你认为是：地球自转产生，50 人（30.3％）；地球自转的同时绕太阳公转产生，48 人（29.1％）；地球绕太阳公转产生，20 人（12.1％）；和月球有关，17 人（10.3％）；其他原因，18 人（10.9％）；什么都不知道，9 人（5.5％）；空缺，3 人（1.8％）。

　　学生对周围的世界具有强烈的好奇心和积极的探究欲，通过书籍、电视等渠道已经知道地球在自转并且围绕太阳公转这一科学事实，但因还没有足够的知识积累和空间想象能力，其知识是不稳固的，是以零碎的形式存在的，不能和他原有的知识进行有序的建构。基于此，我认为大部分学生对昼夜交替现象是一知半解的，需要对该知识点作系统的梳理。

→ 教学目标

　　科学观念目标：①昼夜交替是地球上常见的天文现象；②昼夜交替现象的解释可以有多种方案，但与事实相符的是昼夜交替与地球自转有关。

探究实践目标：①根据已有知识，对昼夜交替现象成因提出有依据的假设；②基于假设，制订可行的探究方案，并通过模拟实验验证昼夜交替成因的假设。

科学思维目标：用批判性思维大胆质疑，善于从不同角度思考问题，追求创新。

态度责任目标：认识到身边许多常见的自然现象是有科学解释的。

→ 教学重点、难点

重点：提出地球产生昼夜现象的多种假说，并用模拟实验验证各种猜测。

难点：通过模拟实验检验假设是否成立，并依据证据进行分析和解释。

→ 教学目标

第一层次目标：结合生活体验，对昼夜交替现象作出自己的解释。

第二层次目标：对产生昼夜交替现象的可能性进行猜想，用模拟实验进行验证，并尝试利用已有知识对实验结果进行质疑。

第三层次目标：在探究中体验、感悟昼夜交替现象，用批判性思维大胆质疑，善于从不同角度思考问题，追求创新。

→ 教学方法

课堂讨论法、模拟实验法。

→ 教学评价

评价方式：自评与互评相结合，主要对学生课堂表现进行评价。

评价标准：会倾听、思考、表达和质疑；有浓厚的学习兴趣，在学习过程中参与度高；能采取合作学习的方式，并在合作中分工明确地进行有序和有效的探究；在学习过程中能自主反思，发挥求异求新的创新精神，积极地提出问题和讨论问题。

→ 教学过程

(一) 新课聚焦

(1) 提问：(教学提示：出示一半被照亮的地球的图片) 这是我们的家园——地球。现在我们正处于白天还是黑夜？另一半呢？(预设：正在上课的我们正处于白天，根据手中的地球仪，可知相对的另一半正处于黑夜)

(2) 追问：这种现象会发生变化吗？(预设：会。当太阳光照到另一边的时候，我们会从白天变成黑夜。另一半则会变成白天)

(3) 揭题：太阳东升，白昼开始；太阳西落，黑夜降临。第二天太阳又从东方升起来，白天又来临了……昼和夜就这样不停地交替出现，这种现象称为"昼夜交替"。(板书：昼夜交替现象)

设计意图
昼夜交替每天都在上演，是学生非常熟悉的自然现象，因此选择开门见山的方式导入。然而学生对于常见的生活现象不一定会进行深入的思考和探究，由此就引出了接下来的探索活动。

(二) 科学探索与研讨

1. 探索一：形成昼夜交替现象的假设

(1) 提问：地球上昼夜交替现象的形成与什么因素有关？(预设：太阳光照射，地球是个不发光不透明的球体，地球自转)

(2) 布置任务：引导学生对昼夜交替现象的成因提出自己的假设，把自己的想法画下来。

(3) 交流：科学家们在寻找问题答案的过程中，会对假设进行论证，最终发现规律。今天我们也是小小科学家，大家四人一组，交流自己关于昼夜交替现象成因的假设。

(4) 提问：通过组内交流，大家有什么发现？(预设：解释昼夜交替现象的假设可以有很多种) 学生上台介绍自己的假说。

（5）过渡：猜想是科学探究中的重要一环，同学们刚才对自己的猜想进行了充分的讨论，发现了多个假设都可以解释昼夜交替现象，怎样验证假设的正确性呢？（预设：做实验）是的，我们可以通过模拟实验来验证。

设计意图

交流观点的环节能让学生在与他人观点碰撞中，产生新认知。有了新的认知，学生才能产生做模拟实验的动力，去验证哪种假设才是真正的形成昼夜交替现象的因素，哪种假设与事实相符。

2. 探索二：模拟实验，检验假设

1）选择实验材料

教师提问引导：刚刚同学们的假说似乎都能解释昼夜更替现象，如果想通过模拟实验来验证，你会选择哪些材料？

学生思考：用球体模拟地球（乒乓球、上节课制作的地球模型、地球仪等），用能发光的物品代表太阳（手电筒，灯等）。

教师活动：出示实验材料，明确模拟对象。用地球海陆分布模型模拟地球，球形的灯模拟太阳，银色小圆片可以贴在地球模型上作为观测点。

设计意图

让学生知道实验材料的选择不是唯一的，可以根据假说具体分析；贴银色小圆片作为观测点，小圆片经历光照与黑暗就是"观测点经历昼夜交替"，有助于学生观察、判断该地点是否出现了昼夜交替现象。

2）明确实验步骤

假说一：地球模型不动，圆形的灯围绕着地球模型转动；

假说二：灯不动，地球围绕着灯转动；

假说三：灯不动，地球在它的一侧自转；

假说四：地球模型自转，且围绕着灯转动。

教师提问引导：针对这四个假说，我们应分别如何进行实验呢？

学生思考：在四种假说下，太阳和地球的运动形式分别是怎样的？

教师提醒实验时的注意事项：调节球形灯跟地球模型的距离，差不多正好能照亮半个小球；实验时，灯和地球模型应始终保持在一个平面。

设计意图

引导学生基于假设制订可行的探究方案；确保学生可以独立完成四个模拟实验，且实验现象符合实际。

3）进行模拟实验

学生分小组进行实验，观察实验现象，完成实验记录单。

设计意图

分小组进行模拟实验，初步判断该假说是否能解释昼夜交替现象。

3. 形成解释

教师活动：出示学生分享交流的模板。

学生活动：小组上台分享实验结果，组员一边实验一边解释实验过程。

教师提问引导：刚刚这些小组是根据什么来判断地球模型上出现的昼夜交替现象的？

学生思考：通过对观测点的观察发现，地球上同一个地区一段时间内被太阳照亮，处于白天；一段时间内没被太阳照亮，处于黑夜。

设计意图

通过小组再一次演示实验，帮助学生从模拟实验的现象中收集证据，解释现象。

教师提问引导：能解释昼夜现象的假设有哪些？它们有什么不同呢？

学生思考：四种假说都能解释昼夜交替现象，但事实只能是一种情况。通过对比分析，这四种假说的不同在于地球和太阳的运动关系不同，最后归纳总结出解释昼夜交替现象的关键在于确定太阳和地球的运动关系。

设计意图

通过对四组模拟实验现象的总结，我们发现它们都能解释昼夜更替现象，因此提出了新的问题"这四种假说有什么不同"，通过对比分析，找到解决问题的关键。

教师活动：讲述科学家们对于一个问题的探讨，往往是循环往复的过程，这需要我们不断地收集证据，多次进行模拟实验，最终完善或修正解释。因此对于这个问题的答案，我们需要"寻找更多的证据"。

设计意图

这一设计使学生了解到，解释自然现象的过程是一个辩证发展的漫长过程，需要足够多的证据作为支撑，初步培养学生的证据意识。

（三）拓展

（1）过渡：如果根据模拟实验我们还是无法得出准确的结论，又该如何来进一步确认哪一种假设是正确的呢？（预设：上网查阅资料、翻阅相关书籍等）

（2）拓展：同学们提供的方法很多，我们可以利用课余时间搜集地球运动的新证据，再对这些解释进行排除和修正，直到形成最终的解释。

（四）课堂小结

通过学习，我们知道了什么是昼夜交替现象。昼夜交替现象每天都在循环往复，是地球上常见的自然现象。经过探究，我们发现有多种假设都能解释它的形成原因。经过研讨，我们发现必须先研究确定地球的运动状态、地球和太阳的运动关系，才能确定哪一种假设与事实相符。

→ **教学反思**

回顾本课，在解读教材，理解编写意图时，我对本课教材内容做了适当的处理。整节课充分调动学生积极性，对昼夜交替现象的产生可能性作出尽可能多的猜测，适时引导学生提出问题，自由大胆地猜测，当探究成为学生内在需求时，引导学生自主探究，并做到动脑又动手，如此教学环节层层递进，学生高度投入，收获多多。

本课之后的科学探究都是在本课的假说基础上完成的，因此需在课上充分调动学生学习的积极性，让他们尽情发挥想象作出尽可能多的假说，为接下来一步步地寻找新证据提供平台，这也创造了探究的乐趣，让学生明白，得到真理的过程如此曲折，需要漫长的时间、大量的人力物力、共同合作等。

教材中研讨提出"我们该如何进一步来确认哪一种假设是正确的呢？"要求先去寻找地球运动的新证据，再对这些解释进行排除或修正；在后面的课文中也相继提到"我们做出的昼夜交替现象的解释有哪些可以被排除或保留"等相关内容，本课是起到搭桥铺路的作用，学生在一课课的学习中一个个地排除不成立的假说，这个探究的过程是让人兴奋的，一步步地解开重重迷雾后露出事实的真相，是振奋人心的。

在学生合作讨论的过程中，教师可以引导学生将自己的想法分享给组员，既能在小组内纠正浅显错误，又能锻炼学生的语言表达能力。本课结束时，学生能明白科学知识的获得需要通过实验探究验证，每一个真理的诞生都不简单，从而树立科学的价值观。

《搭船的鸟》教学设计

吴　婷

教学目标

（1）知识与能力：通过学习描写翠鸟的语句，了解"我"对翠鸟外貌、动作的观察内容。

（2）过程与方法：通过分析观察内容，知道观察的方法，了解写观察所得的方法；能够迁移运用写观察所得的方法进行仿写练习。

（3）情感态度与价值观：体会留心观察的好处，养成留心观察的习惯，培养学生热爱自然的美好情感。

教学重点、难点

重点：①学习文中描写翠鸟外貌和动作的语句，学习"我"对翠鸟外貌、动作的观察内容，掌握观察方法；②能够迁移运用写观察所得的方法进行仿写练习。

难点：仿写练习。

教学过程

（一）复习导入，明确学习目标

（1）读单元导语，明确本课学习内容和方法；

（2）复习本课 13 个生词。

（二）读课文，找观察内容

（1）自读课文，圈画小作者观察的事物及观察的内容；

（2）同桌合作完成以下表格。

事物	内容	方法（听/看）
雨	下着大雨、沙啦沙啦地响	眼睛看、耳朵听
船夫	披着蓑衣、用力摇着橹	眼睛看
彩色的小鸟	外貌…… 捕鱼的过程	眼睛看 眼睛看

（三）品段落，学写作方法

1. "总—分"结构

（1）读作者观察鸟的外貌的内容；

（2）说说你对这只鸟的第一印象——彩色的、美丽的；

（3）在文中找到这句话：总起，中心句；

（4）在本段文字中圈画能看出这只鸟"彩色、美丽"的内容：分写；

（5）从中感受到作者对这只鸟的感情——喜爱，并读出作者的喜爱；

（6）观察"大公鸡"的图片，先概述总印象，再取出写话本完成"总—分"结构段落练习；

（7）分享答案。

2. "连续动词"结构

（1）读作者观察鸟捕鱼的动作的内容，观看鸟捕鱼的视频；

（2）说说你觉得这只鸟捕鱼有什么特点——时间短、速度快；

（3）在文中找到表示时间短的词"一下子、没一会儿"，并说说类似的词还有哪些；

（4）在本段文字中圈出能看出这只鸟速度快的动词；

（5）再读文段，感受作者的细致观察并读出对鸟的喜爱；

（6）观看翠鸟捕鱼时水中的片段，提示：观察翠鸟各身体部位的动作；

（7）教师带领总结出翠鸟水中捕鱼的动作；

（8）学生取出写话本完成"连续动作"结构仿写；

（9）分享答案。

（四）悟感情，养观察习惯

（1）通读课文，读出作者对翠鸟的喜爱；

（2）体会留心观察的好处，引导学生养成留心观察的好习惯，培养学生热爱自然的美好情感。

（五）板书设计

```
        观              外貌：翠绿的羽毛、蓝色的翅膀、  喜
搭船的鸟        彩色的鸟        红色的长嘴
        察              动作：速度快                    爱
```

（六）课后作业

观察一个小动物，完成以下表格。

观察记录表	
观察对象	
观察时间	
观察地点	
观察所得	

《司马光》教学设计

秦婉秋

→ 教学目标

（1）认读生字，正确、流利地朗读课文，背诵课文。

（2）借助听过的故事、注释、动作演示或组词等方法理解课文内容，并用自己的话讲清楚这个故事。

（3）初步感受文言文的特点，简单说出文言文与现代文的区别。

→ 教学重点、难点

重点：正确、流利地朗读课文，背诵课文。

难点：用自己的话，把古文的内容表达出来。

→ 教学过程

（一）导入

1. 游戏导入，板书课题

（1）师：同学们，上课之前，我们来玩一个小游戏——"猜猜他是谁"，下面我将给出三个提示，猜出来的同学请举手示意。他是北宋著名史学家、文学家、政治家；他写了一本了不起的书——《资治通鉴》；他还是当朝的宰相。他是谁呢？

（2）揭示人物：司马光。

2. 联系旧知，覆盖常识

（1）师：我考考大家，司马光姓什么？是的，司马光姓"司马"，我们的姓一般都只有一个字，像这样两个字组成的姓，我们叫它"复姓"。你还知道哪些复姓呢？

（2）学生自由发言。

（3）根据学生发言，相机出示二年级学过的课文《姓氏歌》，联系以前所学，建立知识的链接。

3. 结合经验，简单讲述

（1）师：一提到司马光，相信很多同学都听过《司马光砸缸》的故事吧！请一位同学给大家讲讲这个故事。

（2）相机评价。

4. 借用出处，走进文本

（1）师：司马光砸缸的故事可以说是家喻户晓，最初的时候，这个故事被记录在《宋史·司马光传》这本书里面，我们看看里面是怎样写的。

（2）教师出示课文。

（二）初读感知

1. 初读课文，走近古语

（1）观看视频，用直观形象的画面，在学生的脑海中植入对文本内容的大致理解。

（2）教师范读一句，学生跟读一句。教师多次示范读，引导学生感受文言文的语言韵味。

（3）明确知识点：今天所学是一篇文言文。文言文就是用古代书面语言写成的文章。

2. 读准字音，读通句子

（1）出示全文，标注出生字读音，请"小老师"带读生字。

（2）学生自由读课文，把字音读准确，句子读通顺。

（3）点名读，教师相机鼓励性评价并查漏纠错。

3. 突破难"字"，区分"瓮""缸"

（1）强调生字"瓮"的读音，询问这个字的意思。引导学生关注课文注释，理解"瓮"是口小肚大的陶器。

（2）出示"瓮"和"缸"的图片，请同学们猜猜哪一个是"瓮"。借用肢体语言以及与"缸"的口大肚小作对比，深入理解"瓮"的意思。引导学生明确感知"瓮"和"缸"是不同的事物，所以"司马光砸缸"的说法并不准确，应该是司马光砸——"瓮"。

（3）教师语言引领：装水的瓮叫"水瓮"。装酒的呢？——酒瓮。装米的呢？——米瓮。

4. 读准节奏，理解难"句"

（1）老师画出停顿，学生们在书上做好笔记，再试着读一读，要求适当停顿，读准节奏，文从字顺。

（2）点名读，请读得停顿得当的同学做"小老师"带读。

（3）出示司马光砸瓮的图片，请学生在文中找出具体描写这一情境的话——"光持石击瓮破之"。请一位同学将自己的笔袋当作石头，左前方想象有一口瓮，上台演绎"持石击瓮"这个动作。引导学生使劲砸瓮，把瓮砸破。

（4）教师相机明确以下内容："光"指司马光；"持石"是举起石头，"击瓮"指"砸瓮"。同学们能用自己的话说说这句话的意思吗？

（三）授人以渔

1. 借用注释，考题竞猜

学习古诗，我们可以借用"注释"来理解文本内容，文言文也一样。考考大家"庭""皆""迸"的意思。借用书中注释，明确"庭"指庭院，"皆"是"全、都"的意思，"迸"指"涌出"。

2. 借用"组词"，消除障碍

戏：游戏，嬉戏。

"登"可以组什么词呢？——登山。登山也就是——爬山。所以"登"的意思是——"爬"。

没：淹没。

3. 同桌讨论，理解全文

（1）请同学们借助刚才的方法，和同桌讨论每句话的意思，用自己的话表达出来。

（2）请学生一句一句地解释。

　　根据学生的回答，教师相机引导，"群儿戏于庭"，按照顺序表达，应该是"一群小孩嬉戏在庭院"。可是这样讲是不通顺的，为了语句通顺，在翻译文言文的时候，有的要颠倒语序。

　　一群小孩儿在庭院里嬉戏，我们说"群儿戏于庭"，如果是在树林里嬉戏呢？——"群儿戏于林"。如果在水池里嬉戏呢？——"群儿戏于池"。你发现了吗？在文言文里，一个字就可以表示一个词。

　　（3）将文言文和现代文放在一起进行对比，男女生配合读，发现文言文虽然字数少，言语简单，但意思同样很丰富，即"言简义丰"。

（四）熟读成诵

　　（1）去掉标点，挑战朗读。

　　（2）出示繁体，男女赛读。

　　（3）古文展示，发现特点。

　　古人的书写习惯和我们不一样，他们是从右边往左边竖着书写，所以我们读的时候要"从右往左竖着读"。请想读的同学站起来大声读。

　　（4）借助插图，背诵课文。

（五）总结收获

　　（1）学了今天这一课，你收获了哪些学习文言文的小妙招？学生畅所欲言。

　　（2）教师总结并板书。

（六）拓展延伸

　　用今天所学方法，自学《孔融让梨》。

（七）课后作业

　　推荐阅读《小古文》。

《难忘的泼水节》教学设计

彭若颖

→ 教学目标

（1）认知目标：通读课文，了解课文的内容，用一句话概括课文。

（2）技能目标：运用朗读、看图、勾画重点、词句解析等方法，提炼出课文如何描写出泼水节的难忘之处。

（3）情感目标：积累描写周总理的句子，体会周总理的平易近人，感受周总理和傣族人民之间的深厚情谊。

→ 教学重点、难点

重点：通过多种方式阅读课文，提炼出课文描写的泼水节难忘之处。

难点：感受周总理和傣族人民之间的深厚情谊，体会周总理的平易近人。

→ 教学方法

朗读法、对比法、总结法。

→ 教学准备

PPT、视频或图片、黑板、卡纸磁贴。

→ 学前准备

标出自然段，熟读课文，扫清生字词。

→ 教学过程

（一）情境导入及复习

1. 师问生答

师：在生活中，每个人都有无法忘记，至今想来仍历历在目的事情。大家还记得这件事吗？

（师出示珠行千里活动的照片）

师：为什么大家一下就回忆起当天的情景了？如果在此次活动前加上一个形容词，你会加什么？

（生答）

师：刚才举了那么多例子，请你说一说你理解的难忘是什么。

生1：难以忘记。

生2：经常会想起。

2. 出示课题：难忘

"难忘"这两个字组合在一起很好理解，我们一起来认识一下这个"忘"字：它是上下结构，心字底，说明和心有关系，那你如何记住这个字呢？

生：加一加、心亡就是忘……

师："忘"字读得很到位，既然我们已经会读能认了，就请描红并写一个"忘"字吧！注意"忘"的横比较长，心字底是一个卧勾，写的时候肚子要平行田字横边框。

今天我们第一次在阶梯教室上课，有这么多大朋友来听我们上课，老师希望我们能有难忘的——

（生答）

师：大家对难忘的理解和运用很准确，我们今天学习的这篇课文就讲述的是一件难忘的事情，请大声地读出课题——

生：难忘的泼水节。

3. 难忘的泼水节

师：读得真不错，说明同学们上一个课时学习得很到位，老师也要检测一下你们是否掌握了课文里的一些重要词语。

出示：火红火红　泼水节　祝福

　　　　傣族人民　一年一度

　　　　笑容满面　铺上红毯

　　　　盛满清水　健康长寿

（二）整体感知课文内容

师：词语回顾得非常棒，我们第一课时的重点字词被你们顺利拿下了，恭喜你们！那接下来我就要说一说本课的教学目标：通过图片和朗读理解词句，感受与周总理过节情景的难忘。

师：朗读《难忘的泼水节》。要求：一边认真听朗读，一边想一想课文讲了一个什么故事。

（生大声朗读，师点评朗读过程）

师：课文讲了一件什么事？这件事为什么难忘？可以用自己的话或用课文中的话回答。

生1：……　生2：……

师点评，并进行引导：什么时间、什么地点、什么人做了一件什么事？

生：1961年，周恩来总理同傣族人民一起过了一次难忘的泼水节。

师板书。

　　　　　　　　　　　　时间：1961年

难忘的泼水节　　　人物：周总理和傣族人民

　　　　　　　　　　　　事情：一年一度的泼水节

（三）理解课文重点内容

1. 展示第一自然段，总领全局

火红火红的凤凰花开了，傣族人民一年一度的泼水节又到了。

解析：

（1）火红火红。

师：我们在园地四的时候学过，在颜色前面加一个名词，能准确表达颜色的程度。那么把形容词和名词连在一起，词组就是：火红火红的凤凰花。还可以说什么样的凤凰花？

（生答）

师解答凤凰花的象征意义：我可以说它是红红火火的凤凰花吗？

（生答）

师出示过年的图片，对比火红火红——红红火火，让学生明白火红火红指颜色，红红火火指气氛。

（2）一年一度的泼水节。

理解一年一度的意思，了解关于泼水节的文化知识，引导学生知道泼水节是傣族人民最重视的一个节日。

（3）引出问题：①为什么偏偏1961年的泼水节被称为"难忘的泼水节"？

生答，师点评。

引导填空：

1961年的泼水节，傣族人民特别（高兴），因为敬爱的（周恩来总理）和他们一起过泼水节。

②为什么周恩来总理和大家一起过泼水节大家都觉得难忘？

出示周总理资料和事例，让学生对周总理有初步了解。

2. 提出问题，感受难忘第一处

既然周恩来总理是第一次来和傣族人民过泼水节，那傣族人民自然要尽待客之道，他们都做了些什么准备呢？

（1）用波浪线画出课文中傣族人民为了过一个难忘的泼水节做的准备。

师：大家都找到相关的语句是在第三自然段，你觉得他们准备得怎么样？为什么？

（生答）

师：说得可真有意思，的确，傣族人们做了很多准备，我们一起看看吧！

（2）出示自然段和场景图片。

那天早晨，人们敲起象脚鼓，从四面八方赶来了。为了欢迎周总理，人们在地上撒满了凤凰花的花瓣，好像铺上了鲜红的地毯。一条条龙船驶过江面，一串串花炮升上天空。

随文勾画重点，理解重点：

① 四面八方（来的人多、到处都有人要来迎接周总理）；

② 赶（大家都生怕赶不上，不敢慢慢来）；

③ 撒满（重视周总理，迎接尊贵客人的最高礼遇）；

④ 好像鲜红的地毯（比喻，并且说明撒得厚）；

⑤ 一条条、一串串（庆祝准备得丰富、材料数量很多）；

⑥ 象脚鼓、凤凰花、龙船、花炮（热闹隆重的场景）。

师：这个自然段给你留下了什么样的印象？

（生答）

师总结：所以我们可以说，这次泼水节，从周总理出现前的准备场景，就令人十分难忘！激动！

板书：场景难忘

师：老师把这个自然段改成了一节小诗，咱们一起试着朗读，读出当时场景的热闹与难忘。

从四面八方赶来的人们，

为了欢迎周总理，

在路上敲起了象脚鼓，

在地上撒满了凤凰花瓣，

一条条龙船驶过了江面！

一串串花炮升上了天空！

3. 看图读文，体会难忘第二处

师：大家期待和周总理一起过节吗？

生：期待！

（人们欢呼着："周总理来了！"）

（出示周总理和傣族人民过泼水节的图片）

师：观察图片，判断一下哪位是周总理，说说你的理由。

（生答）

师：通过课文外貌描写我们很容易就看出了周总理是哪一位。请你说说周总理的外貌特点有哪些。

生：对襟白褂、咖啡色长裤、水红色头巾。

师引导：这是衣着描写。体会周总理尊重少数民族习俗、穿着民族服饰显得更亲切。

生：笑容满面。

师引导：这是表情描写。体会周总理的平易近人与和蔼可亲。

出示并朗读：周总理身穿对襟白褂、咖啡色长裤，头上包着一条水红色头巾，笑容满面地来到人群中。

出示并勾画动作词：他接过一只象脚鼓，敲着欢乐的鼓点，踩着凤凰花铺成的"地毯"，同傣族人民一起跳舞。

师引导：这是动作描写，连续的动作描写能让画面生动，人物形象鲜活。

师：关于周总理的这一系列的描写给你留下了什么样的印象？

（生答）

师总结：是因为周总理的个人魅力，让我们这一次泼水节如此难忘。

板书：总理难忘

4. 情境读文，体会难忘第三处

师：最激动人心的时刻到了！周总理和傣族人民要一起泼水了！

（出示双方泼水的视频）

师：这个场景可真美真热闹呀，请你在课文中用横线把描写周总理泼水的句子勾画出来；用波浪线把描写傣族人民泼水的句子勾画出来。

出示：周总理一手端着盛满清水的银碗，一手拿着柏树枝蘸了水，向人们泼洒，为人们祝福。

师：看图和词语说话练习。周总理是怎样泼水的？（提示：一边……一边……银碗、柏树枝）

师：傣族人民又是如何回应的？

出示：傣族人民一边欢呼，一边向周总理泼水，祝福他健康长寿。

师引导：泼水的目的是什么？

生：相互表达祝福。

师引导：你认为周总理会祝傣族人民什么？傣族人民又祝周总理什么？

（生答）

师引导：泼水不是好玩，而是包含着周总理和人民对彼此真诚的祝福，我们说真心比黄金还要宝贵，因此这次泼水节中最重要的就是通过泼水来表达难忘的祝福。

板书：祝福难忘

总体板书呈现：

场景难忘	时间：1961 年
总理难忘　难忘的泼水节	人物：周总理和傣族人民
祝福难忘	事情：一年一度的泼水节

(四) 总结课堂

师：回顾这节课，我们知道了在概括课文时可以通过时间、地点、人物、事情（起因、经过、结果）来简要叙述。

生：1961 年，周恩来总理同傣族人民一起过了一次难忘的泼水节。

师：这次泼水节之所以难忘，它难忘在哪里？

生：场景难忘、总理难忘、祝福难忘。

师：是的，因此我们不管在阅读还是写话中都要抓住关键词展开描绘。

师：这次难忘的泼水节，周总理和傣族人民一起度过，他们给你们留下了怎样的印象？

生：周总理平易近人、尊重风俗、亲切和蔼。傣族人民热情好客、团结爱国、爱戴总理。

师：正是有了这样的好总理，这样的好人民，我们中国才会越来越强大，我们才能过一个又一个快乐难忘的泼水节！

师：让我们带着一种欢乐、自豪的感觉，融入1961年的泼水节，读出当时的难忘吧！

出示：清清的水泼啊，洒啊！周总理和傣族人民笑啊，跳啊，是那么开心！

多么幸福啊，1961 年的泼水节！

多么令人难忘啊，1961 年的泼水节！

指导朗读：注意感叹句语气，"多么""啊"的重音及语调。

（五）课后分层作业布置

作业一：请你把这篇课文中描写周总理的好词好句积累在读书卡上，并试着用这样的方法写一位人物。

作业二：这次泼水节的场景描绘得很丰富，你可以用自己的想象给它配上一幅画吗？

作业三：课下查阅关于周总理的资料，和同学们交流，熟悉这位可敬的总理。

《桥》教学设计

江 珊

→ **教材分析**

《桥》是部编版小学语文教材六年级上册第四单元的一篇课文。作者满怀深情地塑造了一位普通的老共产党员的光辉形象：面对狂奔而来的洪水，他以自己的威严跨越死亡的生命桥；他把生的希望让给别人，把死的危险留给自己，用自己的血肉之躯筑起了一座不朽的桥梁。课文情节跌宕起伏，扣人心弦，语言简练生动，极富韵味，在写法上也极具特色，是学生学习语言的范例。

→ **学情分析**

六年级学生已具备一定的朗读能力和语言感悟的能力。对于本课扣人心弦的故事，学生的阅读主动性、积极性应该很高，但如果对共产党员面对危险时，不徇私情、舍己为人的精神理解得不够深入，也就理解不了桥的深刻含义。

→ **教学目标**

（1）有感情地朗读课文，体会村支书临危不乱、忠于职守、舍己为人的高贵品质。

（2）学习作者通过人物外貌、语言、动作、神态等描写来表现人物的方法，领悟环境描写的衬托作用。

（3）理解题目"桥"的含义和小说"巧设悬念"前后照应的表达特点。

→ 教学重点、难点

重点：①抓住文章中令人感动的句子，结合老支书的语言、动作等描写，体会村支书的性格特点和高贵品质；②学习作者通过人物外貌、语言、动作、神态等描写来表现人物的方法。

难点：理解题目"桥"的深刻含义，了解小说"巧设悬念"前后照应的表达特点。

→ 教学过程

（一）复习词语，回顾前文

（1）听写词语：咆哮、党员、流淌、呻吟、揪出、沙哑、废弃。

（2）用以上词语复述课文内容。

（二）感受危情，引生入境

1. 朗读

自由读课文，在课文中找出描写洪水的句子。

2. 交流

（1）黎明的时候，雨突然大了。像泼。像倒。

（2）山洪咆哮着，像一群受惊的野马，从山谷里狂奔而来，势不可当。

（3）近一米高的洪水已经在路面上跳舞了。

（4）死亡在洪水的狞笑声中渐渐逼近。

（5）水渐渐蹿上来，放肆地舔着人们的腰。

（6）水，爬上了老汉的胸膛。

① 读了这些句子你体会到了什么？（雨下得大；洪水来得猛；洪水势不可当；洪水在渐渐升高）

② 你从哪些词语可以感受到？（泼，倒；像一群受惊的野马；狞笑声；一米高，蹿上来，爬上了）

③ 平时什么时候我们会用到"泼，倒"，换成"洒"和"滴"可不可以？（只有在水量很大的时候，才会用到"泼，倒"）

④ 读到这些句子你觉得洪水像什么？

3．过渡

雨越下越大，洪水渐渐升高，时间对村民们来说就是生命，此时人们有怎样的表现？默读 3～6 段，在文中找到相关语句画下来：

（1）人们翻身下床，却一脚踩进水里。是谁惊慌地喊了一嗓子，一百多号人你拥我挤地往南跑。

（2）人们又疯了似的折回来。

（3）人们跌跌撞撞地向那木桥拥去。

（三）解决重点，体会精神

这么混乱的场景，这种危急关头，有一个人在指挥着他们，他是谁？年迈的村支书。他面对乱哄哄拥到木桥桥头的人们是怎么做的？怎么说的？请再读课文用横线画出来。

（1）木桥前，没腿深的水里，站着他们的党支部书记，那个全村人都拥戴的老汉。

（2）老汉清瘦的脸上淌着雨水。他不说话，盯着乱哄哄的人们。他像一座山。

这位老汉是怎么做的？不说话盯着他们。在盯着他们的时候，他的神情是什么样的？（镇定）老汉会想些什么呢？为什么会说老汉像一座山？他是全村人民都拥戴的党支部书记。什么是"拥戴"？对什么人我们会用"拥戴"？他是全村人民最信任的人，他是全村最有威严、最有威信的人。对现在的村民们来说他是一座什么山？一座非常可靠的靠山。

（3）他们停下了脚，望着老汉。

看到这么镇定的老汉，村民们仿佛看到了生的希望，慢慢镇定了下来，愿意听从他的指挥。

试着读一下，读出老汉的镇定和村民们看到老汉后，心里慢慢镇定下来的样子。

教师指导：在老汉的指挥下，村民们是怎样过桥的？

（4）老汉沙哑地喊话："桥窄！排成一队，不要挤！党员排在后边！"

"党员排在后边！"那谁排在前边？普通的村民，他是一名党支部书记，危急时刻记得把群众放在第一位，他是一名怎样的党支部书记？这位党支部书记在这种危急的情况下会下达怎样一道命令呢？试着读一下。为什么要这么读？这个句子是以什么标点符号结尾的？感叹号。在读的时候感情要充沛，试着再读一下。

老汉下达这些命令时有没有人进行反驳？听到反对的声音，老汉是怎么说的？老汉说完以后还有人喊吗？这时，水势越来越大，随着水势的增大又发生了一件什么事？

（5）老汉突然冲上前，从队伍里揪出一个小伙子，吼道："你还算是个党员吗？排到后面去！"

（6）老汉凶得像只豹子。

这个时候老汉的心情是什么样的？（生气，很凶）他凶得像一只豹子。还有哪些词语可以感受出来老汉生气了？"揪""吼""你还算是个党员吗？排到后面去！"请大家带着这种情绪来齐读这句话。

随着人们的撤离洪水也越来越凶猛，洪水已经爬上了老汉的胸膛，这时桥上只剩下了老汉和小伙子，他们做了什么？

（7）小伙子推了老汉一把，说："你先走。"

（8）老汉吼道："少废话，快走。"他用力把小伙子推上木桥。

文中出现了两次吼，这两次吼的时候，他的情绪是一样的吗？

（9）老汉突然冲上前，从队伍里揪出一个小伙子，吼道："你还算是个党员吗？排到后面去！"

（10）老汉吼道："少废话，快走。"他用力把小伙子推上木桥。

老汉两次向小伙子"吼道"，却是两种截然不同的心情，你们体会到了吗？

（第一次是生气；第二次是着急）

对比读：第一次是老汉生气地"吼道"；第二次是老汉着急地"吼道"。

老汉还有两个动作也体现出了他不同的心情，谁发现了？你们怎么看？

第一个是揪出来，第二个是用力地推上木桥，这分明是前后矛盾的两个动作啊！

小结：在群众面前，在命令面前，老汉是一名党支部书记，他是大公无私的，无私得就像一座山；到了最后一刻，在最后只剩下他和小伙子的时候，他还是希望小伙子活下去，通过第一课时的学习我们知道，这个小伙子是老汉的儿子，在最危急的时刻他还是希望自己的儿子活下去，这个时候他是一名父亲。

（11）老汉吼道："少废话，快走。"他用力把小伙子推上木桥。

抓住"推"的动作描写，体会老汉对儿子深深的父爱。

小结：在洪水面前，老支书选择了让村民先走；在群众与党员面前，他选择了让群众先走；在自己与儿子之间，他把生的希望让给了儿子。在这种情况下，他始终没有想到自己，这是一种什么精神？（板书：舍己为人）

（四）回顾老汉语言，再次感悟品质

课件出示：

"桥窄！排成一队，不要挤！党员排在后边！"

"可以退党，到我这儿报名。"

"你还算是个党员吗？排到后面去！"

"少废话，快走。"

齐读，感受老汉坚守党性的形象。

课文除了用语言描写还运用了什么描写来表现老汉的形象？（神态、动作）

五天以后，洪水退了。

一个老太太，被人搀扶着，来这里祭奠。

她来祭奠两个人。

她丈夫和她儿子。

当你第一次读到这个结尾的时候，你是什么感受？作者为什么要在结尾才说明小伙子是老汉的儿子？这种写法叫什么？设置悬念。达到他想要获得的表达效果。为了获得这种表达效果，文章还运用了哪些修辞手法？（比喻、拟人、对比）

（五）重回题目，解决难点

（1）探究：课文为什么以"桥"为题目？你认为这座桥把什么与什么

连接起来了？

（2）学生汇报。

（3）师生评价，教师指导：题目中的"桥"不仅仅是指那座窄窄的木桥。这位深爱着自己儿子的父亲，这位忠于职责、舍己为人的老汉用他的生命架起了一座桥，一座救了群众的生命桥呀！（板书：桥）

（六）课后练笔，延续感情（选做）

师：同学们，听，风在呜咽着；看，云也低垂着。满面泪痕的老太太在别人的搀扶下来了，获救的村民们都来了，站在残桥前大家思绪万千、轻轻低语。假如你是获救的村民，你会低语些什么？

《体积与容积》教学设计

李婷爽

学情分析

这是五年级一节概念学习课，需要通过多种操作活动来感悟和理解"体积与容积"这两个较为抽象的概念，五年级的学生具有一定的空间想象能力和较好的动手能力，借助优质的微课视频进行教学可以帮助不同层次的学生进行学习。

（1）学习能力强的学生，观看视频自学，通过空间想象理解体积与容积，课堂上帮助同伴解决疑惑；

（2）学习能力一般的学生，可模仿视频中的实验来操作、观察、体验，理解体积与容积；

（3）学习有困难的学生，在微课视频的反复播放、多次模仿操作与课堂上老师有针对性的教学中，深刻地理解体积与容积的含义。

教学目标

（1）基础目标：通过具体的实验活动以及课堂交流分享，了解体积和容积的实际含义，初步理解体积和容积的概念。

（2）提升目标：在操作、交流中，感受物体体积的大小，进一步发展空间观念。

（3）创新目标：学有余力的学生可以自己设计实验并动手操作，录制小视频。

教学方法

本节课采用翻转课堂、"线上＋线下"相结合进行教学。

教学评价

（1）课堂上小组交流、同伴互助，进行小组评价；

（2）学生课前微课学习和课后复习操作，进行个人评价；

（3）展示学生学习成果，进行全班交流分享。

课前思考

（1）从"本"和"纲"两个维度思考。以教学目标为核心，从学生主体学习和课程内容特点出发，本节课采用翻转课堂的教学模式进行教学，创造性地使用教材和线上资源，定制教学过程。

（2）从"度"和"界"两个维度思考。本节课采用线上、线下结合进行教学，借助云平台，充分利用微课视频的可重复、可随时暂停与跳跃性等特性，让学生在课前、课后根据自己的学习情况和学习需要进行观看预习和复习，满足不同学生的需求。

（3）从"时"的维度思考。课堂教学侧重于学习方法的迁移，将宝贵的线下课堂时间更多地留给学生进行协作交流、发现问题、解决问题，对学生存在的困惑和重点问题，进行适当的点拨、引导、讲解，实现学习时空的无限性和连续性。

教学过程

课前

（1）教师提供微课视频、导学案。

（2）学生观看微课视频，自主完成导学案。

课上

（一）交流"微课学习记录单"

1. 揭示课题，板书课题"体积与容积"

2. 回顾微课视频内容，小组交流学习记录单，教师巡视指导

（1）小组内成员按照顺序逐题对答案；

（2）不同答案的题目，交流讨论，尝试解决。

【设计意图】

　　检查微课学习效果，培养学生表达能力，思辨能力。

3. 分享汇报

（1）通过微课视频的学习以及交流讨论，让学生举例说一说什么是体积、什么是容积，再一次感知和理解体积与容积的实际意义。

【设计意图】

　　面向全体，在微课学习、小组交流的基础上，再一次了解体积和容积的实际含义。

（2）课件演示，揭示概念。

板书：物体所占空间的大小，是物体的体积。

　　　容器所能容纳物体的体积，是容器的容积。

【设计意图】

　　学生通过观察生活中的物体，感受教室内的物品的大小；通过课件动态演示，理解物体体积是从外面看所占空间的大小，容积是容器里面所能容纳物体的体积，从而理解体积和容积的概念，发展空间观念。

（3）交流实验操作的方法及实验要注意的地方。

① 回忆、观看视频中的实验操作过程，总结概括实验步骤，强调实验中要注意的地方。

② 学生自己设计实验，交流分享实验方法。

设计意图

　　学生可以通过模仿视频中的方法操作，也可以自己设计实验方法尝试和经历，学会正确比较两个不规则物体的体积以及两个形状不同的容器的容积的大小，同时在这个过程中再一次理解体积与容积的含义。

（二）微课学习之后的"牛刀小试"

1. 小组交流解题思路和方法，教师巡视指导

（1）小组内逐题校对答案，交流解题思路。

（2）对有不同答案的题目，交流讨论，尝试解决。

设计意图

　　微课学习后，"牛刀小试"并互相交流成果，以此检测学生的理解程度，点拨、协助并为其定制问题，培养学生的表达能力，用数学解决生活中问题的能力，帮助学生进一步发展空间观念。

2. 分享汇报

（1）通过思考、交流、讨论，分享解题的方法和想法。

（2）课件演示，动手操作。

设计意图

　　通过微课的学习以及实验方法的迁移和拓展，结合动画演示和实际操作，帮助学生进一步认识体积的大小与物体的形状无关，容器的容积有大有小，从而加深学生对体积与容积的认识。

（3）谈谈学习收获。

（三）作业

（1）基础：找一找生活中的物品和容器，说一说它们的体积或容积；

（2）提升：自己设计实验并动手操作，录制成小视频。

→ **教学反思**

"体积与容积"的概念较为抽象，需要学生通过具体的实验操作活动，来体验和感知体积与容积的实际含义，而常规的课堂教学在实验操作的时间及照顾个体差异等方面具有很大的局限性。因此，本节课借助线上微课资源，与线下课堂教学有机融合的混合式学习方式，采用翻转课堂的教学模式进行教学。

教师以组织者、引导者、合作者的角色，根据学生的实际情况，为学生定制个性化问题，结合小组学习，组织学生将课前微课学习、课上小组交流中出现的问题疑惑，在讨论交流中解决，更好地突破本节课的教学重、难点，从而完成教学目标。

本节课也存在以下不足，需要改进。①对于学生发散思维设计的实验，可以在课前鼓励学生动手操作，录制成视频在课堂上呈现，这样既可以发展学生的空间思维和动手能力，也能在课堂上更具象地帮助学习能力较弱的学生理解难点内容。②对于课堂上学生提出的奇思妙想，可以鼓励学生课下继续完善实验方法，并动手尝试。③课堂评价还需要更全面，除了师生评价外，还要进行生生评价，通过学生之间的相互评价和鼓励，激发学生的学习兴趣。④师生评价也要更具体更有针对性。

《平行四边形的面积》教学设计

李　娇

教学目标

（1）经历平行四边形面积猜想与验证的探究活动，体验数方格及割补法在探究中的应用，获得成功探索问题的体验。

（2）通过学生的自主探究、动手实践，发展学生的空间想象能力，培养学生分析、综合、抽象、概括和解决问题的能力。

（3）通过探究活动，推导出平行四边形的面积公式，能正确求平行四边形面积。

教学重点、难点

重点：探究并推导平行四边形的面积计算公式，并正确运用。

难点：通过具体操作，发现拼成的长方形与原来的平行四边形之间的关系，进而理解转化的思想方法。

教学过程

（一）回顾旧知，引入新课

1. 列出我们学过的平面图形

长方形、正方形、平行四边形、梯形、三角形、圆形。

2. 列出我们已经学过的图形的面积公式

长方形面积＝长×宽

正方形面积＝边长×边长

3. 引出课题，明确本节课的学习内容

前面我们学习并认识了平行四边形，平行四边形的面积公式是什么呢？本节课我们一起学习探索平行四边形的面积计算方法。

（二）创设情境，自主探究

1. 课件出示教材第 53 页内容

师：公园里有一块平行四边形空地要铺草坪，看到它，你想知道什么？

生：我想知道它有多大。

师：求这块空地有多大就是求它的面积。接下来我们一起来探究平行四边形的面积计算方法。

2. 引导学生探究平行四边形面积公式的推导过程

（1）课件出示教材第 53 页情境图及其内容，引导学生分析题意。

师：要求出这个空地的面积，我们还需要哪些数据呢？

生：底边、斜边的长度，还有高。

（课件出示数据）

师：如何求出这个平行四边形面积呢？

（生与同伴交流自己的想法）

（2）课件出示教材第 53 页"借助方格纸比一比"的内容，引导学生借助方格图估测平行四边形的面积。

生：长方形的面积＝长×宽，平行四边形的面积可能用两个临边的长度相乘。

师：我们该如何验证自己的猜想呢？

生：借助方格纸数一数，计算结果比一比。

师：表扬这位同学解决问题的想法，那么，请同学们拿出方格纸数一数，比一比。

师：哪位同学上来分享对比数据？

生：5×6＝30，平行四边形所占的小方格不够 30 个，两个邻边相乘的积不能表示它的面积。

（3）课件出示教材第 53 页"平行四边形的面积到底怎么算呢？我们能

不能把它转化成我们学过的图形来进行研究呢?"引导学生推导平行四边形的面积公式。

① 实际操作拼剪转化。

a. 斜着剪成一个三角形和一个梯形，拼成的还是平行四边形。

b. 横着剪成两个平行四边形，拼成的还是平行四边形。

c. 沿高把平行四边形剪开，把剪下的三角形移到右边，拼成长方形。

师：我们已经知道了长方形的面积公式，转换成长方形就可以求出它的面积了。那么拼成的长方形与原来的平行四边形有什么关系?

生 1：平行四边形变成长方形，形状变了，但是面积没变。

生 2：平行四边形转化成长方形后，长方形的长就是原平行四边形的底，宽就是原平行四边形的高。

② 公式推导。

平行四边形转化成长方形后，面积不变。

长方形的面积＝长×宽

平行四边形的面积＝底×高

所以，平行四边形的面积计算公式：平行四边形的面积＝底×高。

③ 用字母表示公式。

如果用 S 表示平行四边形的面积，用 a 和 h 分别表示平行四边形的底和高，那么平行四边形的面积公式可以写成：$S＝ah$。

因此空地面积：$6×3＝18(m^2)$。

（三）课堂练习巩固提高

（1）完成教材第 54 页"练一练"第 1 题，求下面平行四边形的面积。

（2）完成教材第 54 页"练一练"第 2 题，填表。

（四）课堂小结

1. 小结

（1）教师总结本节课的学习内容。

（2）学生谈本节课学习的收获。

2. 布置作业

完成教材配套练习题第 3 题。

⇢ 教学反思

　　平行四边形面积的计算是以长方形的面积计算为基础的，它为进一步学习三角形、梯形的面积计算打下了基础。本节课中，学生始终以积极的态度投入每一个学习环节。教学成功的关键在于学生是通过自主探究获得知识的，在这一过程中，他们发展了创新意识，提高了实践能力和推理能力。

《分物游戏》教学设计

陈佳敏

学情分析

二年级学生在生活中都经历过分东西，但是怎么分，对分的过程没有进行过系统的梳理和思考。本堂课针对这一知识点进行系统学习。

教学目标

（1）让学生通过"摆一摆""分一分""试一试"的活动，体会在分的过程中出现的不同情况，着重理解"平均分"，为学习除法打下基础。

（2）注重操作，培养学生的动手能力。

（3）通过与同学进行讨论、交流的自主学习，培养学生的合作精神。

教学重点、难点

（1）理解"平均分"的含义，会将物体平均分。

（2）发现、经历多种分法的操作过程。

教学方法

自主学习、合作探究。

教学准备

挂图、每人 20 个圆片或者小棒。

→ **教学过程**

(一) 课件出示教材第 58 页 "分桃子……说一说" 的内容

提问：同学们，你们喜欢小猴子吗？能给大家讲一讲图中关于小猴子的故事吗？

学生讲故事：有 2 只小猴子，它们要分 4 个桃子。想了半天，也没想到什么好办法，就开始你一个我一个地分起来，到最后每只小猴子分到了2 个桃子。

教师：是啊。它们一个一个地分，最后分到的一样多。

(二) 引出课题，明确本节课的学习内容

今天这节课，我们就来一起学习平均分的意义。

1. **课件出示教材第 58 页 "分萝卜……根萝卜" 的内容**

(1) 经历分桃子的过程，学生对比发现，把 4 个桃子分成相同的 2 份，2 只猴子都满意，因为 2 只猴子分到的一样多。把物体分成同样多的几份，就是平均分。

(2) 引导学生看图，读题，理解题意。要将 12 根萝卜分给 3 只小兔，并且使每只小兔分得的一样多，也就是把 12 平均分成 3 份，看每份是多少。

(3) 引导学生借助摆小棒的方式分一分，并说说是怎样分的。

学生动手操作摆小棒，教师巡视指导。组织学生交流，重点说说怎样分，分的结果又是什么。

(4) 教师指明：无论是 1 根 1 根地分，2 根 2 根地分、3 根 3 根地分还是 4 根 4 根地分，每只小兔都分到了 4 根萝卜。

2. **课件出示教材第 58 页 "分骨头……到几根" 的内容**

(1) 引导学生读题，理解题意。把 15 根骨头平均分给 3 只狗，就是把 15 平均分成 3 份，看每份是多少，其中的一份就是一只狗分到的数量。

(2) 让学生用○代表骨头，□代表狗，实际操作分一分。可以 1 根 1 根地分，也可以 2 根 2 根地分……每次分得越多，分的次数就越少。让学生说说是怎样分的，分的结果是怎样的。

（3）教师演示其中一种分法。3根3根地分或2根2根地分。每只狗分到5根。

（4）在平均分骨头的过程中，也可以采用其他记录方法。

学生尝试画图表示分法，教师巡视了解不同的分法。

组织交流，展示不同的分法：用3个圆圈分别代表3只狗，先画15根小棒表示骨头……

（三）板书设计

分桃子

一样多、同样多、平均分

① 8个桃子分给2只猴子，每只猴子分到（4）个桃子。

② 9条鱼分给3只小猫，每只小猫分到（3）条鱼。

③ 12根骨头分给2只小狗，每只小狗分到（6）根骨头。

→ **教学反思**

引导学生有目标地进行分桃子、分萝卜、分骨头（平均分），游戏安排由易到难，符合学生的心理特点，学习过程层层深入，循序渐进，达到了很好的效果。

在课的开始，我就为学生创设了淘淘举办生日会的情境，通过不同的分一分的游戏吸引学生们的注意力，让学生自主去思索、发现"平均分"的过程和结果，通过各种情境练习激发学生采取不同的策略解决生活中遇到的问题。通过分析问题、解决问题的过程，加深学生对"平均分"含义的理解。

《自然拼读 The Band》教学设计

牟　丽

　　本节课我执教的内容是绘本拼读故事 *The Band*，它选自《丽声我的第一套自然拼读故事书》第二级。这篇故事在语言知识方面聚焦 CVC 单词（consonant-vowel-consonant words）的学习，重点训练学生掌握 CVC 单词的拼读方法，培养学生的拼读能力，进而为发展学生阅读能力奠定基础。拼读教学需注重语义与语境的结合，本节课我设计了"故事理解"与"拼读教学"两条主线来开展教学，依托绘本故事的学习、理解来训练和发展学生的拼读能力，两条主线相辅相成，同步推进。

　　文本内容：*The band* 是由 12 幅图和 3 个重点句型（____ saw ____. ____ got it. ____ had____.）组成的一个故事。故事主角 Sam 在路途中看到一些废弃物（can，box，pot，lid，jug），爱好音乐的他突然灵机一动，拾起这些废弃物，组成了 band。通过一个简单有趣的故事，启发学生要善于变废为宝，创造性地使用好身边的废弃物；同时从 Sam 组建 band 实现梦想、体验"乐"趣一事也启迪学生：生活中的乐趣无处不在，只要我们有一双善于发现的眼睛和一颗快乐的心。

　　文本组织形式：这套书每一个级别会专门训练某一特定的自然拼读知识点，在第一级的时候我们已经学了 26 个字母名和字母音，第二级的重点是 CVC 单词的拼读和押韵词的认识。这次文本的组织形式是以整体感知故事开始，然后到以高频词汇为核心句型的理解推进中，同步加入自然拼读的闯关挑战，最后整体输出，并通过 chant the story with magic things around you 升华情感。

→ 学情分析

　　四年级的学生已有一年的英语学习经历和一定的语音知识积累，能较熟练地掌握辅音字母的发音，但对 a，e，i，o，u 五个元音字母的发音不够熟练，有关 CVC 单词的拼读也未曾接触过，因此，本节课将在复习辅音字母发音的基础上，学习、巩固 a，i，o，u 四个字母的闭音节发音，培养学生解码 CVC 单词的能力，并能运用这种拼读能力扫清故事朗读中的新词障碍，提升故事朗读的流畅度。

→ 教学资源

　　(1)《丽声我的第一套自然拼读故事书》＋音频；
　　(2) 手工翻翻书（lapbook）；
　　(3) 多媒体课件。

→ 教学目标

　　(1) 在掌握 a，i，o，u 等字母闭音节发音的基础上，能迅速解码拼读故事中出现的 CVC 单词，并对这些单词建立起音、形、义之间的联系。比如 can，box，pot，lid，jug 等。
　　(2) 能依靠视觉词 saw，got，had 的帮助流利朗读故事并理解故事大意。
　　(3) 能通过故事的学习，体验"乐"趣，感悟"乐趣无处不在，关键是我们要有一双善于发现的眼睛"的道理。

→ 教学重点

　　(1) 能熟练拼读故事中出现的 CVC 单词。
　　(2) 能较流利地朗读故事，并理解故事大意。

→ 教学难点

　　(1) 能顺利解码故事书中的 CVC 单词且较流利地朗读故事。
　　(2) 能带着节奏朗读故事，营造 band（乐队）的氛围，体验阅读的乐趣。

→ 教学过程

（1）Activities Warm-up.

Sing a song〈The alphabet song〉and review the consonants（game）.

What will happen when I put s，a，m together?

（2）Lead-in.

Present the character of the target story and ask students to predict the story.

Yes，this is my friend，Sam. He wants to form a band. Can he do it? Please guess.

（3）Story.

Yes，Sam saw something on his way to the park. What else did he see? Let's listen.

Challenge ①：Listen and circle.

Sam saw a can, a box, a pot, a lid and a jug.

Sam saw these things and he wanted to get them. Let's help him!

Van（teacher sets an example）fan（students try）man Dan（sound out three words in pairs）can Sam saw a can. Sam got it.（sight word to present the sentences）

（Sam is happy with his can，then he saw a box）

Challenge ②：Pick one flower and read it.

ob　Bob　op　hop

od　cod　og　dog

ox　box　ot　pot

Sam saw a box.

Sam got it.

Sam got a pot.

Sam got a can, a box, a pot. He is so happy. You are helpful. So, here's a game for you.

You can sound out the words，but how about spelling?

Challenge ③：Listen to the sounds，segment and spell it.

Challenge ④：Find more words rhyme with jug.

Sam got so many things. What did he want to do?

Sam sat.

Tap，tap，rap，rap，hit，hit.

Sam had a band.

（4）Follow to read.

（5）Read the story.

（6）Retell the story according to the board-design.

（7）Enjoy a video：Just do it，music is here.

（8）Homework.

Read the story smoothly.

Try to make your own lapbook.

Make music with your magic things.

→ 板书设计 |·

The Band

_____ saw a _____.

_____ got a _____.

_____ had a _____.

《Read a story》教学设计

黄丹妮

学情分析

围绕学生年龄特点、已有知识经验、学习能力，对学生渗透素养教育。

五年级学生经过四年多的英语学习，已经有了一定的知识积累，在一至四年级，他们已经学习了有关描述天气、季节、自然现象等的词汇与句型，能够运用这些知识对大自然进行简单的描述，为本单元的学习奠定了坚实的基础。

教学目标

知识与技能：学生能够听、读重点单词、句型，并运用所学内容，描述风的声音，能够在具体情境中运用所学句型。

过程与方法：通过丰富的图片、音频、视频等资源，帮助学生学习文本和相关句型，创设情境，让学生在较真实的情境中体会语言，感受语言。

情感态度与价值观：学生在学习中，提高学习英语的兴趣，增强自信心，加强合作意识，学会与他人交往。

教学重点、难点

重点：运用本课核心词汇及句型进行交流。

难点：正确、流利地运用本课核心词汇及句型进行小组合作、角色扮演。

→ **教学方法**

情景教学法。

→ **教学工具**

PPT、图画、单词卡。

→ **教学过程**

Step 1 Warm up

（1）Greeting.

T：How are you? How's the weather like?

S：...

（2）Sing a song.

（3）Look and say.

The wind is blowing.

It's blowing _____.

_____ is/are _____.

Step 2 Presentation

（1）Let's learn.

glass wind-bell：Tink-tink

metal wind-bell：Clink-clink

wood wind-bell：Clack-clack

That's the sound of the wind.

（2）Watch and answer.

① How many animals are there in the story? Who are they?

② What do Little Duck and Little Rabbit have?

（3）Check the answers.

（4）Learn p1 – p5.

Watch and answer.

Read and answer.

Step 3　Consolidation

（1）Listen and read.

（2）Complete the story：What will happen next?

（3）Check the answers.

（4）Act out the story.

（5）Make a new story.

（6）Summary.

（7）Let's chant.

Step 4　Homework

Listen and read the story.

Act out the story to your parents.

Try to make a new story.

→ 板书设计 ┃·

M4U10

Period2　　　　　**The sound of the wind**

wind-bell

glass：Tink-tink

metal：Clink-clink

paper：quiet

wood：Clack-clack

《帮垃圾分类回箱》教学设计

林泽炫

林泽炫

→ 学情分析

在前面章节学习中，学生对 Flash 软件动画制作有了初步的掌握，从最初的无从下手到现在能够理解关键帧、元件以及舞台等知识点，较熟练掌握了工具箱的使用，有了一定的绘图基础，并且能够制作简单的形状、动作补间动画和逐帧动画。在此基础上，本节课拟激发学生兴趣，让他们制作出更复杂的动画。

→ 教学目标

1. 知识与技能

（1）了解 Flash 软件中图层的含义，掌握新建图层的方法。

（2）能够根据需要对图层进行重命名、锁定、改变叠放次序等操作。

（3）会设置多个图层的动画效果。

2. 过程与方法

（1）利用演示教学法，结合微课让学生了解图层的含义。

（2）通过自学探究、小组协作，学习制作多图层动画的过程，体验、掌握 Flash 软件动画制作中的使用图层技能方法，并了解其作用。

3. 情感态度与价值观

在学习"垃圾分类"的多图层动画制作过程中，渗透环保知识，培养学生养成垃圾分类放置的良好习惯。

教学重点、难点

（1）重点：插入图层，制作多个图层的动作补间动画。
（2）难点：图层的概念与图层的操作。

学科思想方法

本课创设教学情景，引导学生观察思考、发现问题、提出问题、探究问题，并学会用操作去验证自己的猜想。采用以学为主以教为辅的教学方法，充分发挥学生的主观能动性，尊重学生的自我发现，培养学生的学习兴趣和自主学习能力。

教学工具

一台教师机和 56 台学生用机组成的局域网。
多媒体教室及教学相关资源。

教学过程

（一）创设情境，视频导入（5 分钟）

播放垃圾分类的宣传视频。

师：同学们，地球的资源是有限的，将我们日常生活中产生的废弃物分类放置，有利于资源的循环利用。我们在校园里，经常会看到两个默默无闻的"环保卫士"（PPT 显示校园垃圾箱），可是，有的同学却不知道怎么进行垃圾分类。让我们制作一个小动画给同学们宣传垃圾分类的知识吧！

（二）问题探究，讲授新课（20 分钟）

1. 播放动画，观看思考

师：可以用到哪些我们学过的知识制作出香蕉皮被投入不可回收垃圾箱的动画效果呢？

生：动作补间动画。

师：好，咱们一起来试一试。（老师进行操作示范，引导学生发现

问题)

师：我们发现香蕉皮和垃圾箱一起移动了。有没有什么好方法解决这个问题呢？请同学们到书本上找找答案。

(PPT 展示自学任务：阅读书本第 49—51 页，思考：什么是图层？)

教师通过自制动画演示图层的含义：Flash 中一个图层就像一张透明的投影片，每一层的动画设置都是相对独立的，多个图层放起来就构成了完整的画面。

2. 示范操作，动手练习

师：我们要使香蕉皮被投放到垃圾箱里，需要几个图层呢？

生：2 个。

师：分析得很准确！但是现在时间轴上只有一个图层，如何建立一个新图层呢？

生：点击"插入新图层"。

师：对！然后我们把"香蕉皮"和"垃圾箱"分别放到 2 个图层中，为了让图层的内容一目了然，我们可以给图层命名。现在请同学们仿照书本第 49—50 页，为香蕉皮和垃圾箱建立相应的图层。

(PPT 展示任务一：参照书本第 49—51 页，为"香蕉皮"和"垃圾箱"建立相应的图层)

学生操作，老师巡堂指导。

(小组讨论) 师：在时间轴的左下角，我们发现很多按钮，这些按钮可以对图层进行各种管理，请小组成员互相讨论一下：我们可以对图层进行哪些管理操作？

(学生演示汇报)

3. 自主探究，制作动画

师：我们把对象分到不同图层了，现在我们可以依次对它们进行动画制作了。我们希望"垃圾箱"保持不动，"香蕉皮"移动到不可回收的垃圾箱里。

提示：垃圾箱图层需要延长帧数，香蕉皮图层制作出动作补间动画。

学生自主探究，完成任务。

(PPT 展示任务二：参照书本第 51—52 页，分图层设置动作补间动

画）

学生操作，老师巡堂指导。

（小组讨论）师：如果将图层的顺序改变一下，会产生什么效果？动手做一做。

学生动手操作后汇报结果。

师：现在同学们已经做好香蕉皮投放动画了，请你们完善其他各种垃圾分类投放动画，注意不要放错位置哦！

（三）点评作品，拓展练习（10分钟）

（1）师：同学们已经创作出了很不错的作品，我们一起来欣赏同学们的作品吧。你觉得他们哪些地方做得很棒呢？

师生、生生点评动画作品，提出表扬或修改意见。

（2）创作比赛：为你的垃圾分类动画加上背景层。

（四）提炼总结，布置作业（5分钟）

（1）图层的含义：新建图层、图层命名、多图层动画、图层管理。

（2）作业：把制作好的动画分享到班级群，动员同学们争做环保小卫士吧！

> **教学反思**

本课创设了垃圾分类的环保情景，设置了层层递进的任务，学生在完成任务的过程中，不断发现问题，通过自主学习，主动探究问题的解决方法，掌握了制作多图层动画的相关知识和技能。图层的概念是本课的重难点，在教学过程中，我通过教具演示，加深了学生对图层概念的印象，强化了理解。学生们在认识了"图层"概念后，再来学习建立多个图层，分层制作动画可以互相独立，互不影响。而操作的过程蕴含了图层管理的知识，由于学生个体差异，部分学生还是未能对分层的动画作独立处理，出现了混乱情况。改进之处：①需要提炼精确的语言讲解概念，把控课堂，做到对学生任务完成的进度和程度了然于心，关注困难学生，了解他们对知识理解的瓶颈，加强小组合作学习；②为了让各个环节的过渡更自然，过渡性语言还需要斟酌。

《创意中国龙》教学设计

梁明莉

→ 学情分析

《创意中国龙》是岭南版小学美术六年级上册第5课，本课通过介绍中国龙的历史、艺术形象、文化内涵来表现龙的精神，弘扬中国传统文化。在此基础上，鼓励学生动手制作出一条有创意的中国龙。六年级的学生经过5年的美术学习，已经有了一定的造型表现能力，他们想象力丰富，表现力强，能熟练掌握基本的动手制作能力，对美有着独特的感受，对绘画表现形式也有一定的把握能力。

→ 教学目标

（1）知识与技能：初步了解中国龙的文化、历史，了解龙的各部位组成，动手制作一条有创意的中国龙。

（2）过程与方法：分析图片，欣赏大型艺术作品，通过闯关游戏的方式来了解龙各部位的动物原型，从而归纳出画龙的秘诀。

（3）情感态度与价值观：通过本课的学习，培养学生热爱中华优秀文化的情感，体会作为龙的传人的思想感情，感受龙的精神。

→ 教学过程

（一）导入

教师出示了三组关于龙的动画片，分别是《哪吒之魔童降世》《千与千寻》《花木兰》，让学生感受龙在动画作品里的卡通形象。

┌─────────────────────────────────────┐
设计意图

　　通过设疑的方式激发学生的好奇心，激发学生的学习兴趣，导入本课。
└─────────────────────────────────────┘

（二）讲授

（1）设计闯关游戏，以三个关卡的形式让学生了解龙历史、龙艺术、龙文化三方面知识。

┌─────────────────────────────────────┐
设计意图

　　调动学生的观察力和思考力，用游戏激发他们学习的兴趣，进而为下一环节做准备。
└─────────────────────────────────────┘

（2）设置三件法宝，每一种法宝对应一种动物，来剖析龙的局部形象，确定龙的头、角、身、爪这些部位的动物原型，

┌─────────────────────────────────────┐
设计意图

　　在这一环节中，学生通过闯关，集中了注意力，激发了兴趣，在加深对龙各部位原型认识的同时，培养了观察局部、整体的能力。在他们的见证下，一条龙的形象就诞生了。
└─────────────────────────────────────┘

（3）因为龙的形象比较复杂，可以通过示范的方式让学生理解如何画龙，分步骤完成（龙头、龙身、龙鳞）。

┌─────────────────────────────────────┐
设计意图

　　以示范激发学生创作欲望。通过创意、形式、色彩三方面使学生拓宽思路，鼓励学生大胆创作。
└─────────────────────────────────────┘

（4）在作业布置上给学生自主选择，布置分层作业，不同组做不同形

式的作业，能力强的同学可以制作手工类作品，有困难的学生可以用临摹的方式解决线条的问题。

> **设计意图**
>
> 这一环节的设计既照顾了学生的个体差异，又使每位学生都获得了个体发展。

（5）让学生展示作品。学生的作品有纯线描类作品、手工剪纸类作品、拼接类作品，形式多样。

> **设计意图**
>
> 先展示再让学生进行自评、互评，从中欣赏别人的优点，提升审美能力和语言表达水平。

（6）通过深圳特区创建、深圳先行示范区建设、社会主义核心价值观主题图片的观赏，学生进一步感受到了龙精神在现代社会建设中的作用，以作为龙的传人而骄傲，进而升华了本课的情感态度与价值观。

《民间玩具欣赏》教学设计

董天琪

教学目标

　　这是二年级一节美术欣赏评述课程，学生通过了解民间玩具来增强艺术审美感知，形成文化理解，培养健康向上的审美趣味和审美格调。本课的作用还在于扩大我国非物质文化遗产民间文化习俗的知识普及。二年级学生对于小玩具有着天然的兴趣，通过了解和感受民间玩具，了解民间纹理，学会用不同色彩和花纹绘画装饰民间玩具。同时，将玩具和民俗相结合帮助学生感受中国传统文化的魅力，使之学会审美和表达，将传统美学发扬光大。

教学方法

　　（1）"感知、发现、欣赏"对应审美感知素养。审美的感知是艺术课程的基础和先导。

　　（2）通过游戏问答方法让学生逐步认识多种民间玩具，通过展示图片和视频，让学生直观感受民间玩具的外观形态。

　　（3）设置生活化情景，让学生在情境中体验和探究民间玩具的乐趣。

教学评价

　　（1）课堂上小组交流、同伴互助，进行小组评价；

　　（2）学生进行课前微课学习和课后复习操作，实施个人评价；

　　（3）展示学生学习成果，进行全班交流分享。

→ 教学过程

课前

（1）谜语导入，通过谜语帮助学生认识民间玩具，激发学生思维，使用趣味性的谜语来吸引学生注意力。

（2）学生观看微课视频，自主完成导学案。

课中

交流与欣赏

（1）揭示课题，板书课题"民间玩具欣赏"。

（2）回顾微课视频内容，小组交流学习记录单，教师提问。

① 认识民间玩具：风筝、泥咕咕、面花狮子糕、布老虎。

② 总结玩具的特色：鲜艳的图案，美丽的花纹。

③ 问：这两个布老虎绘画，哪里不一样？

答：耳朵，一个是卷毛一个尖尖的，眼睛周围的花纹、身体的纹路、颜色等也不同。

师指出：在设计一副玩具画的时候，可以通过一些改变，做出创新。

（3）示范几种玩具的轮廓怎么画。

出示图片学生作品《布老虎》。

出示图片学生作品《放风筝》。

（4）阶段总结：注意构图和色彩的和谐。欣赏图片，并通过讨论说出自己的感受和认识。了解民间团的样式，提供灵感。与教师、同学交流。

设计意图

让学生通过自由讨论、分析、评议，学习用民间传统纹样图案创作绘画，了解设计要素，培养思考能力、绘画能力和设计能力。

课后

1. 实践练习

（1）作业：设计一种或两种民间玩具。

（2）要求：① 设计新颖。

② 色彩搭配活泼亮丽。

③ 整体设计协调统一，概念意图突出。

2. 展示与评价

（1）学生填写评价表，介绍和评价自己的作品。

（2）小组内讨论和欣赏各自的作品，投票选出优秀作品。

（3）教师展示小组优秀作品，全班一起讨论和欣赏，学生在评价表上写出对展示作品的评价。

3. 课后延伸

教师提供民间艺术纪录片资源，让学生课后自行观看了解，课后组织民间艺术兴趣小组，通过造型等多种表现形式体验民间文化。

《搭积木比赛》教学设计

林妍娜

→ 学情分析

四年级下册已学过从三个方向观察小正方体搭成的立体图形形状，对给定三个方向观察平面图形的形状，还原搭建立体图形的方法有过探索研究，但四年级的学习是不超过 4 个小方块的，现将学习的内容建立在 5 个小方块的基础上，加深了学生想象和推理的难度。

→ 教学方法

观察、想象、分析、推理。

→ 教学工具

教师准备 PPT 课件、小正方块教具。学生准备若干个小正方体。

→ 教学目标

（1）知识与技能：能正确辨认从不同方向（正面、左面、上面）观察到的立体图形（5 个小正方体组合）的形状，并能画出相应的平面图形。能根据给定的两个方向观察到的平面图形的形状，确定搭成这个立体图形所需要的正方体的数量范围。体会从三个方向观察确定立体图形的形状。

（2）过程与方法：通过观察、操作、想象、分析、推理等活动，发展学生的空间概念和推理能力。

（3）情感态度与价值观：培养学生自主探究的精神，体验数学与生活的联系。

→ **教学重点、难点**

重点：能正确辨认从不同方向（正面、左面、上面）观察到的立体图形（5 个小正方体组合）的形状，并能画出相应的平面图形。

难点：能根据给定的两个方向观察到的平面图形的形状，确定搭成这个立体图形所需的正方体的数量范围。体会从三个方向观察确定立体图形的形状。

→ **教学过程**

（一）导入

师：水果店新进了一批水果，小朋友们纷纷赶来帮忙点货。这三个小朋友都说自己数得对，我们来看看他们怎么说的。笑笑说，"我看到了 3 个箱子"。小刚说，"不对不对，有 4 个箱子，你少了 1 个"。淘气说，"小刚说得对，就是 4 个箱子"。

师：同学们，你们觉得谁说得对？

生 1：我觉得他们说的都对。

师追问：为什么？

生 1：因为他们是从不同角度看到的，有可能是从上面、左面、右面和正面看到的。

师：你们有补充吗？

生 2：我觉得他们说的都不对，一共有 5 个箱子，他们都看少了。它们只在一个方向上看，没有看全。

师：是这样吗？（是）

师：那你知道他们都从哪几个方向看的吗？猜猜看。

生 1：应该是从上面、前面和侧面看的。

师：谁在前面、谁在上面、谁在侧面呀？

生 2：笑笑是从正面或后面看的，小刚和淘气应该是从上面、左面或右面看的。

师：同意吗？（同意）

师：我们之前已经学习过从三个方向观察立体图形，今天这节课我们就来进行一个搭积木比赛。

板书课题：搭积木比赛

(二) 搭积木比赛

1. 比赛一：画一画

师：准备好了吗？第一场比赛，用 5 个小正方体搭成一个立体图形。仔细观察，分别画出从上面、正面、左面看到的形状。清楚了吗？来，在课本 32 页上试试。

师：好，停笔，坐正。老师选了几个同学的作品，我们一起来看看。

师：（上面）这个同意吗？（正面）同意吗？（左面）同意吗？有没有跟他不一样的？

师：那谁能说一说你是怎么画出从左面看到的图形的？毕竟我们从这个图片上是看不到从左面看到的样子的。

生 1：能看到右面的形状，然后根据右面的形状去推理左面。

师追问：为什么可以根据右面看到的去推理左面的样子？

生 1：因为左面和右面看到的是相反的、相对的。

师：你们都是用这种根据右面想左面的方法来推理的吗？还有其他方法吗？

生 2：我想象自己站在左面，一共能看到 4 个正方体，左边应该有 2 个叠在一起，右边排了 2 个。

师：以想象的方法，假定自己站在图形的左面，也是个好办法。我们来搭积木验证一下。谁来？

（生上台搭，并演示左面的形状。师展示两个新的作品）

师：来看看这两个作品，都画对了吗？来评价一下他们画得怎么样？

生：我觉得第二个画得更好，第一个没用尺子画。

师：画图的时候应该注意什么？

生：用尺子画斜线表示阴影更清晰。

师：同意吗？要注意规范画图。

师：我们刚才认识到了可以通过搭积木的方法去观察验证。接下来，我们就来搭搭看。

2. 比赛二：搭一搭

师：这轮比赛我们要进行三个回合，这是第一个。来看，一个立体图形，从上面看到的形状是 4 个正方形排成一排。有想法了吗？来，动手试一试。

师：谁愿意说说？

（生逐一汇报，用教具呈现不同搭法）

生 1：第一层 4 个，第二层 1 个。

师：同意吗？还有谁来？

生 2：第一层 4 个，第二层 2 个。

师：好，请回。这两种搭法有什么不同？

生：第一种用的是 5 个小正方体，第 2 种用的是 6 个小正方体。

师：行吗？用 7 个小正方体行吗？8 个呢？那想一想，如果给你足够多的小正方体，能有多少种搭法？

生：无数种。因为在搭出横排 4 个以后，在上面继续放小正方体，都可以。

师：是这样吗？也就是说，当我们只给了 1 个方向的时候，它有几种搭法？

生：无数种。

师：对，数学上可以称为无限。

（板书：方向　1 个　搭法　无限）

师：来继续搭，下面猜我给几个面了？（2 个）对，默读题目，现在几个条件？（2 个）清楚没？搭搭看！

师：都很快，你来说。

生逐一汇报，用教具呈现不同搭法（3 人上台展示）。

师：同意吗？如果再让大家来展示，还会有不同的搭法。你知道一共有几种搭法吗？

生：15 种。

师：反应真快，为什么只有 15 种，不能有无限种？

生：从左面看到 2 个小正方体，所以只能搭 2 层。从正面看是 4 个，所以最多有 2×4，即 8 个小正方体。

师：他用了一个词"最多"，最多 8 个，你们同意吗？（同意）

师：那看来有上限呀，那有下限吗？最少用几块？

生：最少 5 个。第一层放 4 个，第二层放 1 个。

师：少一个，4 个行吗？多一个，9 个行吗？

生：不行。（解释：不能达到条件）

师：那看来如果方向给了 2 个的话，搭法有？（有限种）。

（板书：2 个　有限）

师：把方向增加到 3 个，猜一下，有限种还是无限种？（有限）

师：默读题目要求，读明白了吗？开始吧。

生：一种。（展示）

师：好，还有别的搭法吗？都一样啊？

师：这回给了几个方向？（3 个）结果怎么样？（一种）

（板书：3 个　唯一）

师总结：如果只给 1 个面，我们有？（无限种摆法）

　　　　给 2 个面呢？（有限）怎么有限了？（有上限和下限）

　　　　那如果给了 3 个面呢？（唯一）

其实我们平时在观察物体的时候，给 3 个相邻的面就可以基本确定这个物体的原貌了。

3. 比赛三：看谁搭得多

师：第三轮比赛，难度升级。先默读题目，清楚没？来，开始。

师：有的同学很快，有的同学还在研究。

生用教具汇报交流。

生 1：先按从上面看到的放好一层，最后一个小正方体放在谁的上面都可以，一共有 5 种搭法。

师：为什么呢？

生：因为它会挡住下面的小正方体，不影响从上面观察的样子。

师：5 种，你们的想法都跟他一样吗？（一样）

师：刚才不是说只给 1 个方向应该有无限种搭法吗？

生：在没给小正方体数量的情况下，给一个面有无数种搭法。在给了小正方体数量的情况下，给一个面是有限种。

师：是的，那拼也拼了，搭也搭了，我们再来画一画。

（三）练习巩固

师：再看第 3 问，按题目要求搭小正方体，最多能用几个小正方体，最少需要几个小正方体？想一想，搭一搭。

师：有的同学很快，坐正。你说。

生：最多 7 个，最少 5 个。

师：有不同意见吗？

师：来看一下，刚才我们搭出的第 2 个图形，数数看，几个小正方体？（5 个），那如果最多的话我放哪儿啊？

生上台演示最多的情况。

师：来检查一下，行不行？正面……左面……满足吗？（满足）

（四）课堂小结

师：在今天的搭积木比赛中，思考、尝试、讨论、交流之后，你们有哪些收获呢？

生答。

→ **板书设计**

搭积木比赛

方向	搭法	
1	无限	观察
2	有限	想象
3	唯一	推理

→ **教学反思**

由于学生已经积累了一定的观察物体经验，再结合课堂活动搭一搭，大多数学生都能很好地掌握本课内容，课堂上学生也能生成很多新的东西。今后对于课堂生成的预设还需要加强。

《持轻物投掷》教学设计

陈智发

→ 学习目标

（1）体验持轻物投掷动作方法，感受抛和投的不同，发展上肢力量。

（2）掌握综合活动"修复城堡"游戏的方法和规则，发展学生基本活动能力及灵敏度、协调性等素质。

（3）形成团队活动中的分工意识和健身活动中会合作、重礼仪的行为和习惯。

→ 教学重点、难点

重点：投掷动作和方法。

难点：手臂的摆动应尽量与地面垂直。

→ 场地器材

音箱、小沙包、垫子、呼啦圈。

→ 教学流程

教学常规→跑步→热身操→辅助练习→投石问路→破除沉睡魔咒→保护城堡→游戏"修复城堡"→课课练→放松评价及下课。

→ 教学过程

（一）教学常规（1分钟）

教法：

（1）集合整队，检查服装。

（2）师生问好，宣布课题内容。

（3）安排见习生，提出上课要求。

学法：

（1）体委集合整队，做到"快、静、齐"。

（2）认真听讲，明确学习内容和要求。

组织：四列横队。

（二）准备活动（6分钟）

1. 听音慢跑

在教师的带领下，围场地慢跑。

2. 热身操

教法：

（1）在音乐伴奏下，体委带领学生跑步。

（2）将学生体操队形散开进行热身操。

学法：

（1）在老师带领下充分活动各关节。

（2）认真听，练习，之后快速做出动作。

（3）要求：跑步过程中注意力集中，态度认真，积极做练习。

组织：

热身操队形：四列横队按体操队形散开。

（三）基本部分

• 持轻物投掷（25分钟）

（1）游戏：石头剪刀布。

（2）投石问路。

（3）破除沉睡魔咒。

（4）保护城堡。

（5）游戏：修复城堡。

教法：

（1）通过游戏导入投掷技术动作，强调肘要高于肩。

（2）引导学生投一定距离外的固定物，重点体验肩上投掷动作。

（3）对有一定高度和远度的目标物进行投准练习，尝试后引导学生互助互评。

（4）对移动目标进行投准练习，引导学生思考对不同目标进行投准时的动作特点并尝试归纳。

学法：

（1）认真听教师的讲解，积极思考，并做出相应动作。

（2）学生做出投准的动作后，根据要求进行有一定高度和远度的投准练习，掌握简单的评价和帮助方法，然后对移动目标进行投准练习，通过体验和思考，归纳动作特点，做到挥臂方向稳定，对移动目标能预判，认真听取和遵守游戏规则，并能快速做出动作。

- 课课练（5分钟）

（1）平举向上。

（2）前后跳。

（3）侧平举翻。

（4）左右跳。

（5）左右摸脚尖。

（6）波比跳。

（7）俄罗斯转体。

（8）摸脚尖。

教法：

（1）播放课课练音乐。

（2）老师引导学生练习，提出要求。

学法：

跟随老师认真练习。

组织：四列横队按体操队形散开。

（四）总结（3分钟）

（1）放松活动。

（2）教师总结。

（3）宣布下课。

（4）回收器材。

教法：

（1）教师带领学生做放松。

（2）师生共同回顾，交流活动感受。

（3）宣布下课，请学生帮忙回收器材。

学法：

（1）跟着教师一起进行放松。

（2）认真听讲。

（3）帮忙回收器材。

组织：放松总结队形。

（预计心率曲线：平均心率 120～130 次/分）

（预计练习密度：70%～80%）

（五）安全预备保障

（1）跑动中注意观察和及时避让伙伴。

（2）进行充分的准备活动和放松活动。

（3）健身练习中人与人之间保持合理的距离。

《坐井观天》教学反思

蔡莎莎

《坐井观天》是一则有趣的寓言故事，它以浅显，简单的故事说明了一个深刻的道理。课文主要通过小鸟和青蛙的三次对话，争论天到底有多大来说明青蛙的浅薄。如何在一节课中，让学生自主、愉悦地读懂故事、明白道理，很好地品味语言呢？以下是我的几点反思。

（一）从重点词语入手解析文本

在把握教材时我将"无边无际""大话""笑"三个词作为文章理解的关键。通过这三个词来解读课文。首先，在引导学生了解"无边无际"时，我设计了动画，让学生直观地感受什么是无边无际。通过让学生欣赏（无边无际）的沙漠、（无边无际）的海洋、（无边无际）的草原、（无边无际）的天空，等等，来拓展学生的思维，营造一定的情境，使学生在具体情境中，理解无边无际的内涵。然后我因势利导，指导学生有感情地读出小鸟赞叹天很"大"的语气。实现学生对第一次对话的理解。

在小鸟和青蛙的第二次对话中，我主要抓"大话"这个关键词语。通过引导学生理解"大话"这个词，来把握青蛙认为小鸟说大话时的心情。顺带指出说大话是指说夸张、不切实际的话。但是在具体教学时，我又在思考：怎样让学生了解说大话的具体含义，它与说谎话的区别在哪里？这个问题一直在困惑着我。最后我想：如果举个生活中的实例让学生自己去感悟，是否效果会更好呢？所以在教学中，我举了两个实例让学生来感受什么是说大话。这两个例子是：我能一口气吞下一头牛；我能用手推动火车。学生从我的语气和自己的经历中了解到，这些就是夸张，不切实际的，就是说大话。我发现学生在学的时候，兴趣很浓，并且能够很好地理解这个词以及青蛙当时的心情了。

通过第三个关键词"笑"，我引出了文章的第三次对话。"笑"在文章中一共出现了两次，这两次的笑是有区别的。文中有两个笑，青蛙为什么笑，小鸟为什么笑？一个"笑"字溢出了青蛙的自高自大，听不进小鸟的劝告，自以为是。另一个"笑"折射出了小鸟的虔诚，真诚相劝。通过对"笑"的揣摩，学生知道了：不学不问，不听劝告，还自以为是，这是青蛙错误的原因。这在为学生最终了解文章寓意作铺垫。

（二）关于寓意达成的反思

课文的教学目标是否真正实现，关键在于寓意是学生自己悟出来的，还是老师给学生的。语文教学的作用不仅仅在于简单的知识传授，还在于其育人的作用。所以在课文教学的最后环节，需要用适当的教学手段让学生意识到：不要做井底之蛙，要勇于接受新事物，虚心接受别人的意见。要让学生自愿选择做在外面飞翔的小鸟。怎样达到这个效果呢？我设计了一个环节，用多媒体课件，配上动听的音乐，展示小鸟见过的缤纷世界：它飞过广阔的海洋，飞过无边的沙漠，飞过茂密的森林，飞过灿烂的田野，飞过清澈的小溪，但它也没有看到天的边；而这时的青蛙仍然坐在井底，一抬头只能看到巴掌大的天。此时小鸟的广博见识和井底之蛙的孤陋寡闻形成鲜明的对比，学生顺理成章地感受到：外面的世界多么缤纷多彩，而青蛙的生活多么枯燥乏味。这样潜移默化地让学生在学中有所收获。

可以这样说，本课的教学突破点是重点词汇，而最终目的是理解寓意。我从"无边无际，大话，笑"着手进入对文本的分析。进入文本后，我的教学重点是从小鸟和青蛙的三次对话中，分析两者的特点，实现本文寓意的理解。在课文中我着重对小鸟和青蛙，从语言，生活习性等各方面进行了比较，主要抓以下几个方面。

（1）抓青蛙说的"我天天坐在井里，一抬头就看见天，我不会弄错的"这句话。这句话中的关键词"天天""一抬头"让学生理解了青蛙的自负，和小鸟的谦虚。得出结论：高高的井壁挡住了青蛙的视线，它的目光狭小，所见有限，导致它把天有多大都弄错了。

（2）抓青蛙的神态和表情。文中两个笑。一个"笑"字溢出了青蛙的自高自大，自以为是。另一个"笑"折射出了小鸟的虔诚，真诚相劝。通过分析青蛙的表情让学生自己明辨是非。

（3）通过对小鸟和青蛙正确、错误原因的分析，学生各抒己见，自己悟出了课文要告诉我们的道理，理解了"坐井观天"这则寓言，并试着用学到的道理指导今后的学习生活。

（4）设计角色体验活动，进一步加深学生对课文的理解。

第三章

五维课堂教育实践

（初中部）

"五维课堂教育实践"是一种全面、综合性的教育实践方法，它以学生为中心，注重发掘学生的潜力，全面培养学生的能力和素质。在初中部教学中，如何运用"五维课堂教育实践"来设计教学呢？一要考虑到学生的知识背景、兴趣爱好等因素，从而合理设置教学目标和内容，使教学设计更加贴合学生需求。此为本。二要考虑教学内容的深度和广度，适度调整教学进度，确保教学进度与课程标准要求相符。此为纲。三要注重发挥学生的主体作用，提高学生的学习兴趣和自主学习能力，同时也要注意引导学生在学习中掌握一定的技能和方法。此为度。四要根据学生的学习进度和特点，科学地分配教学时间，使教学进度顺畅，达到教学目标。此为时。五要注重课堂管理和秩序，创造和谐、积极向上的学习氛围，让学生在一个良好的学习环境中学习。此为界。

　　总之，"五维课堂教育实践"是一种全面、综合性的教育实践方法，教学设计要从本、纲、度、时、界五个维度进行思考和落实。只有这样，才能更好地促进学生全面发展，提高学生的学习成绩和综合素质。

《我的叔叔于勒》教学设计

张燕妮

教学目标

（1）揣摩人物心理，把握主要人物形象。

（2）理解小说主题，树立正确的人生观。

教学重点

品析刻画人物的语言、神态、动作的句子，分析人物的性格。

教学难点

理解小说主题，树立正确的人生观。

教学方法

朗读法、合作探究法。

课时安排

1课时。

教学过程

（一）温故导入，揭示课题

在《故乡》中我们感受了旧社会中国农村小人物闰土、杨二嫂等人的不幸与悲凉，那么外国城市的小人物是怎样的呢？让我们把视线移向国外，移向城市，共同来学习法国著名作家莫泊桑的小说《我的叔叔于勒》。

（二）精读课文，分析人物

精读"遇见于勒"部分（第20—47段）

（出示任务：快速浏览并画出描写菲利普夫妇语言、动作、神态的语句，揣摩菲利普夫妇的心理并分析人物形象）

（1）师生共同分析"怀疑是于勒"部分。学生朗读后，结合描写菲利普夫妇的语言、动作、神态等的语句，揣摩菲利普夫妇的心理，把握菲利普夫妇的形象。

（2）学生排练剧本表演"确定是于勒"部分。学生把握菲利普夫妇的动作、神态、语气、语调，补充舞台提示并尝试表演。

（3）出示菲利普夫妇其他相关情节，丰富人物形象。

（4）结合背景资料理解作者塑造菲利普夫妇形象的目的。

（三）对比手法，突出主题

（1）从具体段落中分析"我"对于勒的态度。

（2）通过"我"的赤子之心与菲利普夫妇等人被金钱扭曲的人性做对比，突出主题。

（四）课堂小结、布置作业

（1）教师小结课堂，学生倾听思考，巩固本课内容。

（2）布置作业。（二选一）

① 想象一下，假如菲利普夫妇在船上发现已经成为百万富翁的于勒，他们会有怎样的表现呢？试写一个300字左右的片段。

② 故事的结束，于勒已经由最初的游手好闲的人变成了一个能够自力更生的人，你觉得他的转变值得同情吗？写写你的理由。（300字左右）

→ **板书设计**

我的叔叔于勒

莫泊桑

我　　　　众人

对比

赤子之心　　　金钱至上
批判现实主义
菲利普夫妇：爱慕虚荣、自私冷酷、势利、金钱至上

《记承天寺夜游》教学设计

张孟杨

→ 文本价值和学情分析

　　《记承天寺夜游》是部编版初中语文八年级上册第三单元中的一篇文言文。本单元都是我国古代歌咏自然山水的优秀篇章，本文内容简短却意蕴丰富，记述了苏轼夜游承天寺的经历，营造了清幽宁静的境界，更传达出作者的心境。八年级的学生已经积累了一定的文言词汇，具有一定的文言文阅读能力，因此文本翻译对于他们来说并不困难。但八年级的学生缺少一定的人生阅历，对于情感的体悟有些困难，因此，如何从平淡中读出"玄妙"正是本节课应引导学生学习和体悟的，品景体情也是本文的文本价值之所在。

→ 教学目标

　　（1）正确流利地朗读课文，读出语气与情味。
　　（2）结合课下注释，疏通文义，积累文言词汇。
　　（3）赏析写景句子，理解作者以凝练的笔墨勾画出的美妙境界，品味质朴而情景交融的词句。
　　（4）了解苏轼生平，理解文中关键词"闲人"的丰富意蕴。
　　（5）学习苏轼的豁达超脱，以及对自己精神世界的自得与坚守，积极实现生命的自我完善。

→ 教学重点

　　赏析写景的句子，体会作者笔下的美景，品味字里行间所表达的感情。

教学难点

理解"闲人"的含义，感悟苏轼从容旷达、成熟超脱的人生态度。

教学方法

朗读法、合作讨论法。

教学过程

（一）导入新课

一轮明月牵动了无数古人的情肠，引发人无尽的遐想，月也是古诗词中常见的意象，同学们知道哪些关于月的诗句？

清幽、皎洁的月光往往会触发人们的思乡之情或离愁别绪。然而，面对一样的月光，因赏月的人的经历不同，心胸气度不同，就会产生不一样的感受和表达。今天，我们一起来学习北宋大文豪苏轼的一则短文《记承天寺夜游》，去遇见那夜的月，那夜的苏轼。

（二）朗读感知

（1）读准字音；

（2）指名读，其他同学注意听字音和节奏；

（3）全班齐读。

（三）疏通文义

（1）结合课下注解，解释重点字词。

（2）重点句子翻译。

问题：请大家结合上下文和课下注释，想一想"如"字前省略了什么。

翻译全文。

（四）赏"游"之景

（1）那天晚上苏轼在承天寺的庭院里看到了怎样的景色？找出文中写景的句子读一读。

（2）你觉得苏轼所描写的景色美不美？说说你的理由。

（3）品味词句，理解修辞手法。

（五）悟"游"之心

（1）苏轼为什么想与张怀民而不是别人一起领略赏月的乐趣？张怀民又为何同样寒夜不眠？结合注解回答。

资料补充：写作背景，贬官黄州，有职无权。苏轼被贬黄州的原因，乌台诗案；张怀民被贬黄州的原因，反对变法，遭到排斥。

（2）苏轼与怀民同为贬谪之人，相约于中庭赏月，眼前有美景，身旁有知音，苏轼抒发了内心怎样的感慨？（请用原文回答）

（3）作者称两人为"闲人"，由此表达出作者怎样的心情？

（4）是不是所有清闲、不忙碌的人都能领略到如此美景呢？

（5）苏轼被贬黄州已经是第四年，这个"闲"字透露出他此时夜游赏月的心情，也透露出他面对人生失意之时的态度，这是一种怎样的态度呢？

资料补充：苏轼的人生经历和创作曲线。苏轼作于元丰五年春的《定风波·莫听穿林打叶声》。

（6）结合这首创作时间很接近的《定风波·莫听穿林打叶声》你能说说这个"闲"字透露出苏轼怎样的人生态度吗？

（六）结语

一篇短短的《记承天寺夜游》让我们领略到了苏轼的格局气度，希望我们也能在遭遇失意时保持一份"闲"心，在人生道路上不断完善自我。

作业：写一写"我心中的苏轼"。

> **板书设计**

记承天寺夜游

苏轼

景：积水　　　　月光

　　藻荇　比喻　竹柏影

情：闲　清闲　贬谪之悲

　　闲情雅致　赏月的喜悦（自得坚守、豁达超脱）

推荐阅读

林语堂《苏东坡传》；余秋雨《苏东坡突围》

《〈论语〉十二章》教学设计

王若涵

→ 教学目标

（1）反复诵读，感受人物形象，读出文言文特有的韵味。

（2）体会文中倡导的修身和为学之道，感受孔子思想和古代典籍的魅力。

→ 教学重点

反复诵读，感受人物形象，读出文言文特有的韵味。

→ 教学难点

体会文中倡导的修身和为学之道，感受孔子思想和古代典籍的魅力。

→ 教学方法

诵读法、点拨法、合作探究法。

→ 教学过程

（一）预习导入，检测字词

（1）PPT 出示重要实词，检测字词掌握情况。明确容易解释错误的字词的特点，总结文言现象：通假字、古今异义、一词多义、词类活用。

（2）学生齐读课文。读准字音和停顿。

（二）指导朗读，把握人物，读出韵味

师：我们读课文，光把字音和停顿读准是远远不够的，朗读还要讲究声音的抑扬顿挫，这是一篇文言文，应该读出文言文特有的韵味，《论语》该怎么读出韵味呢？同学们不妨来看看课本上的两幅插图。

（1）看第一幅图，读出孔子的师长形象：孔子是一个老夫子，一个老人家，老人家讲话的语速是怎样的呢？自然要慢一些，舒缓一些，老夫子给学生讲课的语气呢，往往是语重心长的，所以有些字要重读，有些字声音要适当地拉长。（讲解示范第 1 句的朗读）

（2）看第二幅图，读出古代读书人的形象：这幅图上画的是孔子讲学，一群学生围坐读书的场面，古人是如何读书的呢？其实，文言文讲究声断气连，也就是在断句的地方并不是停下来不读，而是把断句处的字延长了读。然后把每一个句子的最后一个字音也延长，我们来试试。

老师示范声断气连的读书方法，学生摇头晃脑，自由练读，感受古人读书的状态。

（3）抓住虚词，体会语气，读出有血有肉的平民君子形象：自由读课文，你觉得孔子最爱用哪些语气词？抓住"乎""矣""哉""也"，指导朗读三组句子：抓住虚词，体会语气。

1．投影展示 1：一分为二的"乎"

比较：

• 学而时习之，不亦说乎？有朋自远方来，不亦乐乎？人不知而不愠，不亦君子乎？

• 为人谋而不忠乎？与朋友交而不信乎？传不习乎？

思考：

（1）这些带"乎"的句子形式上有什么特点？（问句）

（2）请学生大声地朗读这两组句子，比较一下这两组句子在朗读时语气是否相同。

生朗读。在比较中明确：第一组句子是反问的语气，应该读出一种很肯定，很确定的自豪感。第二组句子是设问的语气，应该读出一种思考的感觉。

（3）教师引导再次比较：这两组句子在朗读的语调和语速方面有没有区别？

学生思考后明确，教师归纳小结：第一组句子应该以降调来读，并且要读得舒缓、自得一些，读出自我肯定的味道；第二组句子应该以升调来读，读出自我反省的味道。

所以，文中的"乎"，我们要"一分为二"地读。

生齐读。

2. 投影展示2：始终如一的"矣"

• 温故而知新，可以为师矣。

• 饭疏食饮水，曲肱而枕之，乐亦在其中矣。

• 博学而笃志，切问而近思，仁在其中矣。

（1）学生自由朗读以上三个句子，着重体会"矣"字的语气。

（2）师提问：读了以上三个句子，大家有怎样的感觉？

（都有一种成功感、幸福感）

（3）真是一个具有"幸福感"的"矣"啊！那朗读时怎样才能读出这种"幸福感"？

（在朗读时，"矣"可以延长一下）

一生示范读，将"矣"字读音延长。

生自由读。

3. 投影展示3：前后呼应的"哉"与"也"

•"贤哉，回也！一箪食，一瓢饮，在陋巷，人不堪其忧，回也不改其乐。贤哉，回也！"

思考：这一句该怎么读？

师指导学生：观察语气词，句式与标点，抓住"哉"和"也"、感叹号、反复的修辞特点，读出老师对得意门生的惊叹、欣赏之情。

师归纳：文言文语气词的背后往往是作者的表情与情感，读好这些词语，我们才能读出文言文应该有的味道，才能读懂作者，读懂文章。请大家根据我们上面的学习，再来朗读课文。这一次读，要读出人物说话的语气来。

生朗读。

（三）抓住字句，读悟人生

（1）《论语》作为儒家经典，每个字都是熠熠生辉的，请同学们默读课文，思考《论语》中的哪个字最让你受用，最使你受启发？为什么？

学生思考后找出："学""习""信""思""省""笃""忠""善""义"……并陈述理由。

学生充分发言后教师归纳：论语中的这些字，有些是教我们如何做人的，有些是教我们如何学习的，《论语》是一部教我们修身和为学的书。

（板书：修身　为学）

请 12 个同学，分别朗读一节（共 12 节）。

（2）《论语》这部书，可以说是一字千金，思想厚重，博大而精深。如果让你选择其中一句话，作为自己的座右铭，你会选择哪一句？要求：所选的句子要能背诵和翻译，并说出选择它的理由。

小组合作，交流，全班展示。

（四）布置作业

（1）背诵全文。

（2）搜集《论语》中的成语。

> **板书设计**

《论语》十二章

读书人　　修身

师长　　　为学

平民君子

（读人物）　（悟人生）

> **课堂小结**

《论语》是一部古老的关于修身为学的宝书。

两千多年间，它不但是读书人必读的教材，还是评价统治者言行是非的标准。它的思想之光穿越历史的隧道，依然指导着我们今天的言行，《论语》中有不少语句逐渐固定为成语，至今仍活跃在我们的语言中，希望同学们都能亲近文言，热爱经典，做敏而好学、文质彬彬的读书人。

《富贵不能淫》第二课时教学设计

吕惠林

→ 设计意图

利用建构主义理论，创设辩论式学习情境，促进学生主动积极地建构知识体系；遵循教师主导，学生主体的原则，采用启发式和探究式教学，做到教师讲解少而精当、提问启迪思维、点拨适时到位，以促成学生的成长进步。

→ 教学目标

（1）有感情地朗读课文，学会停顿、重读的朗读技巧，读出反问句、排比句的语气，体会孟子说理的特点；

（2）结合补充的时代背景，了解孟子反驳公孙衍、张仪的原因，感受孟子心怀大义的气度；

（3）精读孟子立论部分，正确理解"大丈夫"的深刻内涵，明白坚守原则和民族大义的重要性，不断修养个人德行。

→ 教学重点

掌握朗读技巧；精读孟子立论部分，正确理解"大丈夫"的深刻内涵。

→ 教学难点

明白坚守原则和民族大义的重要性，不断涵养个人德行。

→ **教前准备**

查询资料，解读教材；整合资料，构思设计；写成设计，准备教学。

→ **教学方法**

朗读法、点拨法、探究讨论法。

→ **教学过程**

（一）设置情境，激趣引入

（屏显）

"埃德加·居里是玛丽·居里的丈夫""丈夫之冠也""大丈夫一言九鼎""大丈夫一言既出，驷马难追"，这四个"丈夫"意思相同吗？

（二）复习旧知，建立联系

请翻译以下句子：

公孙衍、张仪岂不诚大丈夫哉？一怒而诸侯惧，安居而天下熄。

以顺为正者，妾妇之道也。

居天下之广居，立天下之正位，行天下之大道。

富贵不能淫，贫贱不能移，威武不能屈。

（三）初识"大丈夫"，体会雄辩

1. 一读

这是一场两千多年前的辩论赛，大家找出双方说的话，读一读。

2. 二读

（1）聚焦景春的话，"公孙衍、张仪岂不诚大丈夫哉"这个句子应该怎么读？体会下面两个句子的区别：

● "公孙衍、张仪岂不诚大丈夫哉？"

● "公孙衍、张仪诚大丈夫。"

（2）孟子表示不赞同和不满，并用两个反问句来反驳。你觉得应该用什么语气去读？

分别读一读下面的两个句子来理解文本：

- "是焉得为大丈夫乎？子未学礼乎？"
- "是非大丈夫，子尝学礼。"

（3）作者接下来提出"妾妇之道"有何用意？

引导得出以"妾妇之道"类比公孙衍、张仪，指出两人的本质不过是顺从、迎合君王，这样的人怎么称得上是大丈夫呢？读出不留情面、鄙夷与反驳的语气。

（4）孟子的辩论是先破后立，先否定对方的观点，再提出自己的观点。找到两个排比句，想一想应该怎么去读。引导学生注意排比句的语气，读出磅礴大气、慷慨激昂和铿锵有力之感。

- "居天下之广居，立天下之正位，行天下之大道。"
- "富贵不能淫，贫贱不能移，威武不能屈。"

（四）品读"大丈夫"，探究内涵

（1）纵横家权倾天下、叱咤风云，为什么孟子却鄙视他们呢？（出示补充资料）

（2）在孟子的心目中，大丈夫应该具备什么品质？小组合作探究。

（3）阅读下列材料，想一想范仲淹是不是大丈夫？为什么？

范文正公仲淹贫悴①，依睢阳②朱氏家，常与一术者游。会术者③病笃④，使人呼文正而告曰："吾善炼水银为白金，吾儿幼，不足以付，今以付子。"即以其方与所成白金一斤封志，内⑤文正怀中。文正方辞避，而术者气已绝。后十余年，文正为谏官，术者之子长，呼而告之曰："尔父有神术，昔之死也，以汝尚幼，故俾⑥我收之，今汝成立，当以还汝？"出其方并白金授之，封识宛然⑦。（选自《东轩笔录》）

【注释】①悴：困苦。②睢（suī）阳：古地名，今河南境内。③术者：术士。古代大多指有一定技能的人。④病笃：病重。⑤通"纳"，放入。⑥俾（bǐ）：使。⑦宛然：依然如故。

（五）畅谈"大丈夫"，拓展新义

岳飞、文天祥和戚继光，他们为了民族大义，不顾个人生死，堪称

"大丈夫"。在我们这个时代，我们国家也涌现出很多"大丈夫"，他/她可以是大家熟知的人物，也可以是你身边的平凡人。你认为谁是新时代的"大丈夫"？并说说理由。

（六）布置作业

初级：熟读成诵。

中级：你认为大丈夫还应该具备哪些品质？为什么？

高级：阅读金良年《孟子译注》

（七）板书设计

心胸宽广

仁礼义　广正大

坚守志向　信念强大

《公式法》教学设计

江哲雅

→ 学情分析

学生在七年级下册已经学习了乘法公式中的平方差公式，在前一节课学习了提公因式法因式分解，初步体会了因式分解与整式乘法的互逆关系，为本节课的学习奠定了良好的基础。

→ 教学目标

会用平方差公式进行因式分解。

（1）经历逆用平方差公式的过程。

（2）了解运用平方差公式进行因式分解的意义。

（3）会用平方差公式进行简单的因式分解。

（4）在逆用平方差公式的过程中培养学生符号感和推理能力。

（5）培养学生观察、归纳、概括的能力。

→ 教学重点、难点、关键点

重点：掌握运用平方差公式进行因式分解的方法。

难点：领会因式分解的解题步骤和因式分解的彻底性。

关键点：培养学生养成多步骤因式分解的能力。

→ 教学方法

利用空中课堂教学，学生在讨论区互动或者通过连麦互动。

教学评价方式

课堂观察＋学生自我评价。

评价标准：积极参与课堂，在本节课学习中有所收获。

教学过程

(一) 复习回顾

(1) 什么是因式分解？把一个多项式化成几个整式的积的形式，这种变形叫做因式分解，因式分解和整式乘法是互逆的变化过程。

(2) 归纳因式分解的方法。

(3) 练习：对下列式子进行因式分解。

① $ax + ay$　　　② $6x - 9xy$　　　③ $a^2b - 5ab + 9b$

④ $x^2 - 25$　　　⑤ $9x^2 - y^2$

(4) 复习上节课所学习的提公因式法进行因式分解，同时通过提公因式法的基本形式，帮助学生回忆，因式分解和整式乘法是互逆过程。提出新的多项式，引导学生思考其他因式分解的方法。

(二) 引入新知

(1) 在整式乘法中，除了一开始学习的乘法分配律，还学习过什么乘法计算的公式？（如果学生想不到，可以展示几道平方差公式和完全平方公式的计算题，帮助学生回忆）

$(y + 3)(y - 3) = y^2 - 9$

平方差公式：$(a + b)(a + b) = a^2 - b^2$

$(x + 2)^2 = x^2 + 4x + 4$

完全平方公式：$(a \pm b)^2 = a^2 \pm 2ab + b^2$

(2) 请同学们思考：既然因式分解和整式乘法是互逆的过程，逆用乘法的分配律，我们得出了提公因式法分解因式的方法。那么逆用这些乘法公式，可以得出新的因式分解的方法吗？

(三) 学习新知

(1) 展示平方差公式的变换过程，肯定学生的猜测：逆用所学的平方差公式和完全平方公式，可以对特定形式的多项式进行因式分解。给出书本上的概念，带领学生读两遍，体会文字背后的含义与实际操作时的注意事项：在我们利用公式法进行因式分解时，我们的对象，一定要是满足特定形式的多项式才可以。

（2）引导学生观察平方差公式的特点：从字母表示，到图形，再到文字表示，最后得出书本开头提出的两个问题的解答。

① a，b 可以是数，也可以是单项式或多项式，注意"整体""换元"思想的运用。

② 特点：左边，有两项，平方差形式；右边，两个数的和与差的积。

（3）让学生判断哪些式子可以进行因式分解，初步体会利用平方差公式进行因式分解的方法。

总结一下，什么形式的多项式才可以用平方差公式分解因式？（两项、平方、异号）

（4）对于可以利用平方差公式因式分解的式子，进一步作因式分解。

A 选项较为简单，重点讲解因式分解步骤：①将多项式转化为平方差公式的形式；②找准公式中对应的"a"和"b"，进行因式分解。

C 选项含有字母和数字，较复杂一些。

D 选项首项是负数，可以引导学生，先将多项式转化为我们常见的第一项减去第二项的形式。

（5）让学生来总结利用平方差公式进行因式分解的方法与步骤：

① 将两项写成平方的形式；

② 找出 a、b；

③ 利用 $a^2 - b^2 = (a+b)(a-b)$ 分解因式。

（6）学生自主完成练习后，教师指出常见解题思路的易错点，提示学生"在进行因式分解时要先提公因式"。

（7）练习巩固。

（四）复习小结

（1）公式法概念。我们可以利用乘法公式把某些多项式因式分解，这种因式分解的方法叫做公式法。

（2）因式分解：①对任意多项式分解因式，先考虑提取公因式；②对于二项式，考虑应用平方差公式分解；③检查时特别看看多项式因式是否分解彻底。

（五）作业布置

（1）必做题：完成书本课后习题 1、2。

（2）选做题：试着出两道利用平方差公式因式分解的题目。

（3）思考题：通过今天的学习，我们已经知道了，利用平方差公式我们可以对 x^2-9 这样的式子因式分解，结果为 $(x+3)(x-3)$。思考一下，利用完全平方公式，我们能否对 x^2+6x+9 这样的式子进行因式分解呢？

必做题是基础训练的题目，每个学生都需要完成，以保证对上课所学知识的消化和吸收，实现自我建构。选做题针对基础较好的同学，通过让学生自己设计题目，进一步理解运用平方差公式因式分解的意义、方法及易错点。思考题针对学有余力的同学，从平方差公式推导至完全平方公式，是对下一节内容的预习，同时也锻炼了学生推理、类比的能力。

→ **教学反思**

将某些单项式化为平方形式的过程对于部分学生来说，还是有一定的难度的，上课时应该将这部分内容讲得更加具体一些。空中课堂的教学应该更加注意和学生的互动，尽可能增加与学生互动的方式和时间。

《The gifts》教学设计

刘晓婷

→ Teaching objectives

By the end of this lesson，the students will be able to：

1. Read and understand the whole story.

2. Explore and analyse the emotional changes of the main characters.

3. Understand the structure of the plot of a short story.

→ Step—Procedure—Teacher's activity—Students' activity—Learning purpose

Ⅰ. Warming-up

Show a picture and ask three questions. Answer the questions about gifts.

Lead in the topic of gifts.

Ⅱ. Pre-reading

Raise question：Do you know him?

Show some background information about the writer. Have a basic knowledge about the writer O. Henry. Know the background information for further understanding.

Ⅲ. While-reading

Show the first part and raise some questions to help the students understand the beginning of the short story.

Ask for a further thinking/ reasonable prediction.

1. Look at the picture，read the title and first two paragraphs then answer the three questions.

2. Have a possible prediction of the following plot.

Get the development of the story.

1. Show the second part and some key sentences from the story.

2. Show some adjectives of Della's emotional changes.

3. Raise a question：what did the expression in Jim's eyes mean when he saw Della? 1. Read paragraphs 3 to 12. Then put the sentences in the correct order.

Read paragraphs 1 to 12 again. Then put the adjectives in the table correctly.

Have a deeper thinking to explore Jim's emotion.

1. Explore and analyse the emotional changes of the main characters.

2. Develop students' ability of thinking.

Show the third part and the following questions.

Read paragraphs 13 to 17. Then discuss the questions with your group mates.

1. Get a deeper understanding of the short story.

2. Develop students' ability of discussion.

Guide the students to learn about surprise ending/ O. Henry-style ending.

Read the meaning of surprise ending /O. Henry-style ending aloud. Understand the meaning of surprise ending/ O. Henry-style ending.

Show the chart line and ask：how many elements are there?

Ask students to complete the diagram related to this story. Write the letters in the correct boxes. Understand the structure of the plot of a short story.

Ⅳ. Post-reading

Ask students to share what they have learnt today.

Raise a question: what is love supposed to be in your point of view? Share their own opinions in groups. Develop students' ability of further thinking.

Ⅴ. Summary

To summarize the ending of the story and what love is supposed to be from student point of view. Generate more ideas about "love".

Review the "surprise ending" and encourage students to have a deeper and further discussion on this topic.

Ⅵ. Homework

Layout homework. Compulsory:

Retell the story "The gifts".

Optional:

Read The last leaf on p. 125 and find out the surprise ending and write down the five elements of the story.

1. Review the passage.

2. Develop students' ability of using the structure of the plot of a short story.

Ⅶ. Board design

Surprise endings

The gifts

(adjectives) (verb phrases)

simple-sacrifice... for...-valuable-care about-love-is to-can be-unexpected-think about...

《China's tourist treasures》教学设计

周丹虹

→ Text Analysis

The text is a passage in Unit 2，Book 7B，which is a supplementary textbook aiming to enhance students' cultural confidence by helping them better learn and understand Chinese culture and history. This text introduces three must-see locations in China：the historical and cultural attractions in Xi'an，the artificial ice wonderland in Harbin and the beautiful natural scenery in Guilin. During the class，students will get to know about three tourist treasures in China. They are supposed to experience the amazing China from the passage. At last，students may realize that a wide range of things of geographical，historical and cultural interest make China a fascinating destination for tourists all over the world. As a Chinese youth of new era，it is a crucial quality for them to develop the sense of national pride.

→ Students Analysis

Students in Grade 7 have already learnt about travelling in France in the text book. They have known how to introduce a country to their friends. Therefore，I will make full use of their foundation and interest to help them better understand and recommend three tourist treasures in China. Most importantly，to develop their sense of being proud of our amazing China. Moreover，I will adopt different teaching methods like task-based teaching and situational approach to lead students to learn individually and to take part in group discussion activities. Through these activities, I will try to help students realize the wealth of China and cultivate their critical thinking ability.

◇ Teaching Objectives

By the end of the class, students will be able to:

Language ability: Understand the words and phrases like dynasty, sculpture, impressive, glow and marvel at etc.

Learning ability:

(1) Improve reading ability : skim for the main idea and scan for the detailed information.

(2) Improve oral English: use the key words and phrases learned in this class to briefly recommend Xi'an, Harbin and Guilin to the foreigners.

(3) Learn to cooperate with each other in group work.

Thinking quality:

(1) Think actively and creatively by participating in class activities.

(2) Develop their critical thinking skills through group discussion activities.

◇ Focal and Difficult point

The focal point: Get a deeper understanding of Why Xi'an, Harbin and Guilin are regarded as the tourist treasures.

The difficult point: Understand the wealth of China and develop the national pride.

◇ Teaching Methods

situational approach and task-based method with the help of some teaching aids like multimedia, worksheet, whiteboard and ppt, etc.

→ Teaching Procedures

(T＝Teacher；Ss＝Students)

Ⅰ. Lead-in (3mins)

Activity：

A1. Listen and Share

Activity aims：

A1. To lead in the topic and arouse their interest

Activity description & Interaction patterns：

A1. T shows the voice chat record between the American friend and T

Ss Listen to the request for T from friend Jack and share their best city for Jack

Ⅱ. Pre-reading (4mins)

Activity：

A2. Predict and free talk

Activity aims：

A2. To practice predicting skill and stimulate students' background knowledge

Activity description & Interaction patterns：

A2. T sets up a situation in which the tour guide on TCT. COM offers me three must-see locations in China and guide Ss to predict according to the pictures.

Ss can talk about Xi'an，Harbin and Guilin

Ⅲ. While-reading (text to text) (20mins)

Activity：

A3. Skim for main idea

Activity aims：

A3. To enhance skimming skill for main idea of text

Activity description & Interaction patterns：

A3. T emphasizes skimming skills. Ss skim the introduction for main idea of text.

Activity：

A4. Scan for detailed information

Activity aims：

A4. To enhance scanning skill

Activity description & Interaction patterns：

A4. Ss read and fill in the posters.

Ss make a slogan for each city. Guide the Ss to speak out such as：Xi'an：rich in history and culture, eastern Moscow—Harbin, East or west, Guilin landscape is best

Activity：

A5 Watch and think deeper

Activity aims：

A5. To develop deep thinking ability

Activity description & Interaction patterns：

A5. T shows a video about the reasons why these cities are regarded as tourist treasures in China.

Ss discuss and try to speak out three key points from the video, such as：the natural scenery, the artificial ice wonderland and the Chinese history and culture.

Ⅳ. Post-reading（10mins）

Activity：

A6. Be a live-streamer for Ctrip

Activity aims：

A6. To apply what have learnt into use and recommend the city for the foreigners like Jack

Activity description & Interaction patterns：

A6. T offers an example for Ss to be a live-streamer to recommend a city.

Ss recommend the best city for Jack.

T invite some Ss to share

T guides Ss to show feelings towards the amazing China and cultivates national pride and responsibility.

Ⅴ. Summary & Homework (3min)

Homework：

Work in a group of 4 and make a travel guide for Jack.

Choose your own roles
1. designer
2. photographer
3. writer
4. editor

（1）Practise students'summarizing ability and writing competence.

（2）Help students realize their advantages and give full play to their talent.

（3）Inspire students to understand the importance of cooperation.

《Pay attention to your body language》教学设计

张　路

→ Text Analysis

The text is a passage in Unit 2 in Book 8B. The book 8B is a supplementary textbook which aims to enhance students' cultural confidence by helping them better learn and understand Chinese culture and technological confidence. This text is about the different meanings of body language in different cultures an American student has noticed under the subheadings of *Hello*, *A matter of face*, *Easy as 1, 2, 3 and Thank you for the gift*. During the class, students will get to know the differences of body language between America and China in these aspects between the USA and China. They are supposed to learn, understand and pay attention to their body language. At last, students may respect the different body language and use it properly when necessary. As a global citizen, it is a crucial quality for them to learn and respect different cultures in communicating with people from different countries.

→ Students Analysis

Students in Grade 8 have already learnt about body language in the text book. They have known that different body language conveys different meanings and may generate different impressions on people. Therefore, I will make full use of their foundation and interest to help them better understand the importance of body language when communicating with others. Moreover, I will adopt different teaching methods like task-based teaching and situational approach to lead students to learn individually and take part in group discussion activities. Through these activities, I will try to help students understand the value of openness and flexibility when facing culture shock and cultivate their critical thinking ability.

→ Teaching Objectives

Language ability:

1. To understand the words and phrases like respectful, reserved, a broad smile, big gestures and dramatic facial expressions etc.

2. To understand the different meanings of the body language in four distinct situations.

Learning ability:

1. To learn different body language and put it into practice.

2. To overcome culture shock and adapt to different cultures successfully.

Thinking quality:

1. To think actively.

2. To develop their critical thinking skills.

Cultural awareness:

1. To establish a correct attitude towards cultural differences.

2. To have mutual respect and mutual understanding so that they can have a global eyesight and be a better global citizen.

Focal Point:

To know the different meanings of the body language between China and the USA.

Difficult Points:

1. To establish a correct attitude towards cultural differences.

2. Cultivate their sense of mutual respect and mutual understanding so that they can have a global eyesight and be a better global citizen.

→ Teaching Methods

The Situational Approach, the Task-based Approach

→ Teaching Aids

multimedia, worksheet, blackboard and ppt.

→ Teaching Procedures

Step 1　Warming-up

Teacher's activity: Show some pictures of expressions, gestures, postures and eye contact.

Students' activity:

1. Identify the pictures.

2. Talk about body language.

Purpose:

1. To arouse students' interest;

2. To lead in the topic.

Step 2　Pre-reading

Teacher's activity:

1. Set up a situation: An American student Jack in Shenzhen advises his new-coming friend from America to pay attention to the different meanings of body language by telling his own past experience in 4 scenes.

Students' activity:

1. Read paragraph 1 to understand the background information.

2. Understand the roles of Jack and his friend.

Purpose:

1. To help students better understand the differences of body language in different countries by setting up a real-life situation.

Step 3　While-reading

Scene 1（Hello—first day at a Chinese school）：

Teacher's activity：

Play a short video：Jack has encountered a difficulty and gets upset because he used his American way to say hello to his new Chinese friends.

Students' activity：

1. Watch the video and have a brainstorming：How would you help Jack out?

2. Read paragraph 2 to answer the question：What is the proper way to say hello in China?

Purpose：

1. To improve students' problem-solving ability

2. To help students better understand the differences of saying hello in China and in America.

Scene 2（in an English Corner on Friday）：

Teacher's activity：

Play a short video：Jack gets puzzled as he sees some Chinese girls never show their teeth even when they are very happy during their talk. Therefore, he asks other students why and at last he makes a comparison about showing emotions between China and America.

Students' activity：

1. Watch the video.

2. Read paragraph 3 and fill in the blanks.

Purpose：

1. To develop students' detailed reading ability.

2. To help them get a deeper understanding of the differences about showing emotions between China and America.

Scene 3（in the math class 3 weeks later）

Teacher's activity：

Play a short video：In his math class, Jack has a problem

understanding the numeral meaning of certain Chinese gestures.

Students' activity：

1. Watch the video.

2. Read paragraph 4 and finish the task.

Purpose：

1. To develop their reading skills by reading with purposes.

Scene 4 (at his birthday party)

Teacher's activity：

Play a short video：Jack has received many gifts from his Chinese friends and he accepts them with just one hand. His Chinese friends say he shouldn't do this. He does not know why.

Students' activity：

1. Watch the video.

2. Read paragraph 5 and answer the question：why does his Chinese friend say Jack shouldn't do that?

Purpose：

1. To cultivate students' thinking ability.

2. To improve students' ability of looking for details in a passage.

Step 4　Post-reading

Role-play：

Invite students to use the right body language to act out the four scenes. They can choose to act as either an American or a Chinese.

Step 5　Summary

Teacher's activity：

Summarize the topic and guide students to share their opinions on how to deal with cultural differences

Students' activity：

1. Act out the four scenes.

2. share their opinions on how to deal with cultural differences

Purpose：

1. To further consolidate what they have learnt.

2. To practice and improve their language skills.

3. To help students develop an appropriate value and cultural outlook.

Step 6　Home-work

Teacher's activity：

Layout homework.

1. （Compulsory）Draw a mindmap of the different body language between China and America.

2. （Optional）Make a video of a speech on using body language properly，and upload to our school official account @*szqhschool*.

Purpose：

1. To practice students' summarizing ability，speaking and writing competence.

2. To cultivate their cultural awareness.

《π and Zu Chongzhi》教学设计

付 丽

→ Text Analysis

The text is a passage in Unit 2 in Book B (8A) which is a supplementary textbook helping students further consolidate their language skills. This text is about Zu Chongzhi, a great Chinese mathematician. I made a simple adaption of the text. During the class, students will get to know the personal information of Zu Chongzhi and what made him an excellent scientist. At last, students are encouraged to be a hardworking and creative talent like Zu Chongzhi. As middle school students, it is quite important for them to have such good qualities.

→ Students Analysis

Students in Grade 8 have known something about π and Zu Chongzhi from their Maths teacher or history teacher. Therefore, they are not particularly unfamiliar with the content of this lesson.

→ Teaching objectives

By the end of this lesson, the students will be able to:

1. Know about the basic information of π and Zu Chongzhi.

2. Voice their opinions on what made Zu Chongzhi a great mathematician.

3. Realize the importance of being a hard-working and creative talent

in Shenzhen.

→ Focal point

To know Know about the basic information of π and Zu Chongzhi.

1. Difficult points   Voice their opinions on what made Zu Chongzhi a great mathematician.

2. Realize the importance of being a hard-working and creative talent in Shenzhen.

→ Teaching Methods

Task-based，situational and communicative teaching methods.

→ Teaching Aids

multimedia，worksheet，blackboard and ppt.

Step Procedure—Teacher's activity—Students activity—Learning purpose

Ⅰ. Warming-up

Show a famous Chinese saying "It's great to have friends coming from afar".

Set up a situation：The teachers sitting behind the classroom are from Guangzhou. They want to visit famous attractions in Shenzhen. If you are a travel guide，which places would you like to show them around? Think and answer the questions Arouse students' interest；Shorten the distance between students and teachers sitting behind classroom.

Ⅱ. Lead-in

Present some photos of famous attractions in Shenzhen：Window of the World；Splendid China ；OCT East；Da Meisha；Shenzhen Talent Park （π Bridge）. Look at the pictures and introduce these places to the teachers. Lead-in the topic of π and Zu Chongzhi.

Ⅲ. Pre-reading

Raise 2 questions：

1. What is pi（π）?

2. What do people use it to do ? Discuss in pairs and the presenters share ideas with the class. Calculate students' abilities to cooperate with others

Ⅳ. While-reading

1. Invite students to read the whole passage silently and ask them to brainstorm what they know about Zu Chongzhi.

2. Guide students to read whole passage for a second time，and fill in the blanks.

3. Ask students to think over the question：If Zu Chongzhi was still alive today，what other jobs do you think he could have? Why?

（1）Skim the whole passage and brainstorm.

（2）Find out and underline the key information to finish the blanks.

Purpose：

1. Discuss with classmates in a group. Cultivate students' ability of summarizing.

2. Develop students' ability of analysis.

3. Train the critical thinking ability and guide them to know the importance of inheriting and promoting Chinese traditional virtues.

Ⅴ. Post-reading

Guide students to design a resume for Zu Chongzhi.

1. Role-play

2. Ask students to think over the two questions：

Why is there a Pi（π）Bridge in Shenzhen?

What made Shenzhen such a big modern city?

（1）Work in groups and present their resume.

（2）Work in pairs asking and answering questions.

Think and answer the questions.

Purpose：

1. Create a proper situation to help students relate their own life experience with the topic and activate students' sincere feelings on the topic.

2. Develop students，ability of acting and speaking.

3. Guide the students to know that personal choice matters and develop global vision.

Ⅵ. **Homework**

Compulsory：

Read the passage aloud and introduce Zu Chongzhi to your family.

Optional：

Zu Chongzhi wants to be a professor in Shenzhen University. Suppose you are his teacher，write a letter of recommendation for him.

Purpose：

Develop Students' ability of speaking and writing.

《溶液的形成》教学设计

赵洋洋

教学理念

《义务教育化学课程标准（2011 年版）》在"基本理念"中指出：注意从学生已有的经验出发，让他们在熟悉的生活情境中感受化学的重要性，了解化学与日常生活的密切关系，逐步学会分析和解决与化学有关的一些简单的实际问题。

在教学设计中，创设有利于学习者建构意义的情境是最重要的环节之一，在此基础上将协作贯穿于整个学习活动过程，小组成员之间通过交流完成规定的学习任务，以达到意义建构的目标，同时，学生对当前学习的内容所反映事物的性质、规律以及该事物与其他事物之间的内在联系达到较深刻的理解。

教材分析

"溶液的形成"是人教版义务教育教科书九年级化学下册第九单元"溶液"的课题 1，"溶液"这一单元在教材中具有相对的完整性和独立性，以溶液、溶解度、溶质的质量分数三个概念为中心，以对它们的简单计算和应用为两翼，延伸带动其他有关溶液的知识，使概念、实验、应用融为一体。

〔知识线〕核心是溶液的基本知识，先让学生从宏观上认识溶液的特征，从微观上认识溶液的组成成分，在此基础上科学地安排有关溶液概念及性质的学习，进而帮助学生认识溶质、溶剂及其辩证关系，形成一条清晰的知识主线。

〔活动线〕先宏观组织实验，再应用微观模型解释说明，边实验边归纳地组织了一条完整的活动主线。

〔情境线〕教材从课文伊始就出现了生动的文字描述，再有穿插在正文中的多幅清晰美观的图片激发学生的学习动机，还有生动广泛的溶液应用实例，对学生的思维想象活动有一定的启发性，这些都是教学中可以充分利用的、真实丰富的情境素材。

→ 学情分析

在知识层面，在小学科学课程和日常生活中学生已经积累了一些关于"溶液"的实践经验，有了一些关于"溶液"的感性概念，但不系统；在初中化学课程中学生了解到分子是不断运动着的，形成了初步的微粒观，也在化学实验中接触过一些溶液试剂，参与过科学探究过程，具有一定的实验操作知识和科学探究能力。这些都是本节课程学习的基础。但是学生在学习本节课程之前存在诸多的前科学概念，这些前科学概念尤其是错误概念不但会妨碍对新知识的理解，而且会导致学生产生新的错误概念。

→ 教学目标

1. 知识与技能

（1）认识溶解现象，理解溶液、溶质、溶剂的概念及三者的关系，认识溶液的基本特征是均一性、稳定性，能说出一些常见溶液的溶质和溶剂；

（2）知道水是重要的溶剂，酒精、汽油等也是常见溶剂；

（3）了解溶液在工农业生产和生活中的应用。

2. 过程与方法

（1）通过观察不同物质的溶解过程，观看蔗糖在水中溶解的微观模拟动画，培养学生宏观辨识和微观探析的核心素养；

（2）通过探究实验，练习观察、记录、分析和解决问题的思维能力，进一步了解对比实验在科学探究中的运用，学会控制变量的研究方法。

3. 情感态度与价值观

（1）通过学生亲自做探究实验，激发学生学习化学的浓厚兴趣。

（2）使学生在实验探究、讨论中学会与别人交流、合作，增强协作精神。

（3）通过对实验的探究、分析，培养学生严谨、认真、实事求是的科学态度。

→ 教学重点

从宏观和微观两个方面，认识溶质在溶剂中溶解形成溶液的过程。

→ 教学难点

通过从独立设计探究方案到形成全班最优方案的过程，体现控制变量思想，体验交流、质疑、合作的方法与乐趣。

→ 教学方法

多媒体、实验设计。

→ 教学策略

小组合作学习。

→ 教学方法

实验探究法、分析讨论法。

→ 教学准备

（1）多媒体课件、学习单。

（2）仪器、药品：

① 烧杯、玻璃杯、天平、玻璃棒、量筒；

② 蔗糖、NaCl 固体、NH_4NO_3 固体、NaOH 固体、碘、高锰酸钾、汽油、水、冷水、热水、植物油、洗涤剂。

→ **教学过程**

(一) 板块 1：创设情境，导入新课

任务 1：产生强烈的学习兴趣。

〔创设情境〕

展示蒸馏水、生理盐水（0.9％）、可乐、碘酒、果粒橙、泥沙水、菜汤、牛奶，请同学对这些物质进行分类。

〔板书〕溶液的形成

活动 1：

〔讨论〕

按纯净物和混合物分类，按颜色分类，按是否分层分类……

〔思考〕到底什么是溶液？板块 1 的教学，从生活情境出发，激发学生学习溶液的欲望，使学生形成分类的思想，为本节课的学习做好铺垫。

(二) 板块 2：探索新知，解决学生的疑问

任务 2：认识溶液的组成和溶解现象，理解溶液、溶质、溶剂的概念及三者的关系，认识溶液的基本特征。

〔演示实验〕

蔗糖溶于水：演示溶解操作的要点，引导学生观察是否溶解及溶液为何种颜色。

〔新知〕溶液的组成及其特征。

〔延伸〕溶解和析出。（利用希沃同屏技术，同步展示实验操作情况）

活动 2：

(1) 观察并描述现象，说出溶液颜色。

(2) 得出蔗糖能溶于水，形成无色溶液。通过实验，结合生活经验，建构溶液的概念，总结溶液的特征，培养学生的自我分析、归纳、判断的能力。

〔提问〕蔗糖溶于水后，很快"消失"了，它到底去哪儿了？

〔播放动画〕多媒体播放蔗糖溶解的微观过程。

(1) 引导学生回顾粒子模型的主要内容，结合模拟动画从微观角度描述溶液的形成过程。

（2）观看动画模拟蔗糖溶解的微观过程。

① 观看动画。

② 运用微粒不断运动、微粒之间有间隙等粒子模型，描述蔗糖粒子在水粒子的作用下分散而看不见了，形成透明稳定的溶液。观看蔗糖溶于水的微观模拟动画，变抽象为形象，用粒子模型描述溶液的形成，认识溶液透明、稳定的特征。

（3）创新实验：酒精溶于水放热。

利用如下实验装置完成实验。（利用希沃同屏技术，同步展示实验操作情况）

① NaCl、NH_4NO_3、NaOH 在水中溶解，注意气球大小变化。

② 思考气球大小变化其实是溶解过程中的能量变化。酒精蒸发吸热，而酒精溶于水会放热，制造认知冲突，过渡到溶解过程中的能量变化。

③ 通过新物质的生成和溶解过程中的能量变化，让学生充分猜想、思考、讨论、进而清晰溶液的概念，避免相异构想，最大程度发挥实验的探究功能。

（三）板块 3：探究，通过实验加深对溶液的理解

任务 3：设计实验探究物质溶解性的影响因素。（包括溶解多少和溶解快慢）

〔提问〕

（1）溶解过程中，溶解性（溶解多少和溶解快慢）跟哪些因素有关呢？

（2）相同溶质在相同溶剂中的溶解性相同吗？与哪些因素有关？

（3）相同溶质在不同溶剂中的溶解性相同吗？不同溶质在相同溶剂中的溶解性相同吗？

根据前面知识可以判断溶解过程与溶质和溶剂有关。相同溶质在相同溶剂中，影响溶解性的因素有：温度、搅拌、溶质颗粒大小。

板块 3 的设计主要通过进行探究实验的一系列过程，从方案设计到交流讨论，再到合作实验，分析评价得出结论，培养学生的方案设计能力，学会运用探究实验中控制变量的思想，提高学生动手操作能力、观察实验区别的能力、小组合作能力及逻辑思维能力。

活动3：

（1）请你选择一个因素，设计实验方案验证你的推测。

提示学生思考，在实验设计中体现控制变量思想，设计的记录表需能够记录有效实验数据，并能根据数据得出实验结论。

独立完成实验设计方案，体现控制变量的设计思想。完成学习单中"我的实验方案"部分。

（2）小组交流。

① 引导学生对实验步骤是否体现控制变量进行交流修改；对实验记录表是否记录了有效的数据进行讨论和修正。

② 教师组织协调，学生自评互评。就实验步骤中操作的合理性、可操作性进行评价；对记录表的有效性、简洁性进行修正。

③ 小组内交流实验设计方案，交流、修改自己的方案并形成组内设计方案，包括实验目的、步骤、记录表。完成学习单中相关记录和修正内容。

④ 选派小组代表作全班交流，其他小组同学提出意见和建议，确定最优方案。

（3）根据实验方案开展实验，注意操作安全。（利用希沃同屏技术，同步展示各小组的实验操作情况）

① 开展实验，并记录实验现象，对比不同。

② 请学生分析探究的目的、设计表的合理性、根据数据得出结论。

③ 得出结论。在溶质、溶剂的量相同情况下，温度越高，搅拌速率越快，溶质颗粒越小，溶解速率越快。相同溶质在不同溶剂中的溶解性不同，不同溶质在相同溶剂中的溶解性不同。

（四）板块4：应用，利用所学解决生活中的化学问题

任务4：知道乳浊液及乳化现象，区别溶解和乳化。

〔设问〕吃饭的时候，如果衣服上不小心滴上了油，该怎么清洗呢？你能不能设计实验来证明一下你的清洗方法？

〔实验准备〕植物油、水、汽油或植物油、水、洗涤剂。

〔播放动画〕洗涤剂乳化原理动画。

活动 4：学生自己动手实验。

（1）试管一：1/3 水、几滴植物油、汽油。

（2）试管二：1/3 水、几滴植物油、洗涤剂。

（3）振荡观察两支试管的不同。

通过生活中常见的问题和对比实验，学生能明确溶解和乳化的不同，进一步体会两者在实验和生活中的应用价值。

（五）作业布置

完成作业单，查阅衣服上的葡萄汁、圆珠笔油、墨水等污渍的清洗办法及利用的化学原理。

（六）板书设计

溶液的形成

● 溶液

形成过程　　　　　　　特征　　　类别

1. 定义：一种或几种物质分散到另一种物质里，形成均一、稳定的混合物。

溶质　　　　　溶剂

2. 溶解过程的能量变化

● 探究影响溶解性的因素

● 乳化现象

→ 教学反思

（1）以学生的学情为起点，以建构主义的情境、协作、交流和意义建构等科学教育观念为指导设计教学过程，借助微观模型和探究实验建构思考模型，全面实现"溶液的形成"的各项教学目标。

（2）设计创新实验，"掌心实验"酒精溶于水时手心感到热，产生认知冲突，引起学生思考；"气球实验"能更加直观的观察溶解过程中的能量变化，同时加强了学生对于能量变化和气压的认识。

（3）以科学探究为主体，培养科学思维和实践能力，学生独立设计实验方案，经历认识探究要素，并将这些要素顺序化排列的科学探究过程。

（4）以学生自主能动学习和合作学习为主，把学生摆在了教学的主体地位，让学生相互帮助，完成作业和其他学习任务。

（5）信息化技术助力线上教学。本节课不仅提供大量动图培养学生从宏观到微观，由静到动的抽象思维能力，还利用希沃云课堂授权功能等，加强学生的课堂互动与表现。

《法不可违》教学设计

扶涵宇

扶涵宇　、

课标依据

本课所依据的课标的相应部分是"成长中的我"中的"心中有法"。具体对应的内容标准是："知道不履行法律规定的义务或作出法律所禁止的行为都是违法行为，理解任何违法行为都要承担相应的法律责任，受到一定的法律制裁"；"了解违法和犯罪的区别，知道不良行为可能发展为违法和犯罪，增强自我防范意识"。

教学目标

（1）知识目标：知道法律的作用，知道违法行为的含义及类别；了解典型的行政违法行为和典型的民事违法行为。

（2）能力目标：能准确判断违法行为的类别，提高辨别能力。

（3）情感态度和价值观目标：增强法律意识；警惕违法行为，依法规范自己的行为。

教学重点、难点

重点：知道法律的作用，了解三种违法行为的类别及区分。

难点：如何做到遵章守法。

教学过程

（一）知法律作用

（1）播放视频《准大学生划伤 6 辆名车被判赔偿 10 万元》引入课题，

生活中我们要在不损害他人权益的前提下，用合法的方式维护自己的权益。

（2）出示《刑法》中的法律条文，引导学生思考：法律在社会中的作用是什么？

（3）违法无小事，思考违法行为的含义，并分析原因。

（二）析违法类别

（1）学生阅读教材 47～48 页的案例和理论原文，先自学再小组讨论，分析案例中的违法行为类别，完成表格。

（2）教材中三类违法行为的相同点和不同点是什么？

（3）"违法"和"犯罪"之间是什么关系？

（4）法律知识竞答：出示多个案例，学生快问快答。

（5）知识技能小结：如何判断违法行为类别？

（三）警违法行为

（1）学生利用法治漫画上台讲述身边的违法行为。

（2）总结生活中常见的典型行政违法行为和民事违法行为。（警惕身边的违法行为，从你我做起）

（四）遵法律法规

面对身边违法行为，我们如何做到遵章守法？（知识点总结，学法指导）

《平面镜成像》教学设计

常焕焕

→ 教材分析

本节课是人教版物理八年级上第四章《光现象》第三节《平面镜成像》的内容，前面已经学了光的直线传播和光的反射定律，平面镜成像是光的反射定律的应用，是光学部分重要内容之一，其探究思想和方法是以后学习凸透镜成像规律的基础；学习光的直线传播时通过小孔成像，学生对"像"这个新概念有了初步认识，本课将更进一步解说"像"这个概念，后面还将讲到"凸透镜成像"，在探究方法和知识结构上本课具有承前启后的重要作用。

新课标注重科学探究，以提高学生科学素养为目标，以学生终身发展为本，提倡教学方式多样化，教材突出学生的探究活动，把科学方法的学习和科学知识的学习放到同等重要的地位，更加注重让学生亲身体验物理规律的得出过程，在实验探究中获得成就感，培养尊重事实、勇于创新的科学精神。

新课标还指出物理课程应"从生活走向物理，从物理走向社会"，本节事例贴近学生生活，关注科学技术新发展，体现物理知识在生活中的应用，有利于激发学生的学习兴趣。

→ 教学目标

（1）知识与技能：描述平面镜成像的特点。

（2）过程与方法：通过实验，探究并了解平面镜成像的特点。

（3）情感态度与价值观：通过对平面镜应用的了解，领略物理现象的美妙与和谐，获得"发现"的喜悦，感受科学技术对人类生活的影响。

核心素养目标

（1）物理观念：形成经典物理的运动观，并且能用平面镜成像来解释生活中的现象和解决实际问题。

（2）科学思维：能通过观察、比较选取适当的实验器材，正确使用替代的实验方法。形成证据意识解决问题，从定性和定量的角度分别进行实验、找出平面镜成像的特点、形成像与物关于平面镜对称的结论。

（3）科学探究：具有发现问题、提出合理猜测、设计实验探究方案、获取证据的能力；会根据实验现象和收集的数据总结实验结论；通过小组合作探究加强合作与交流的能力，能准确表达实验结论。

（4）科学态度与责任：具有学习和研究物理的好奇心与求知欲，能根据收集的证据发表自己的见解；能正确认识物理现象的本质特征，理解科技、社会、环境的关系，具有将科学服务于人类的使命感与责任感。

教学重点、难点

重点：平面镜成像实验的探究和平面镜成像的特点。

难点：探究实验的设计和虚像的概念。

教法和学法

教法：情景教学法、演示教学法、设疑诱导法。

学法：合作探究法、观察发现法、比较法。

实验器材

国际象棋折叠棋盘、平面镜、白纸、玻璃板（透明，茶色）、平面镜固定架、棋子（2颗）、折纸、激光笔、平板电脑、透明塑料板。

教学过程

（一）创设情境、引入教学

活动1：用平板将导航画面投屏到电脑上，展示导航HUD模式。

观察、思考、猜测 HUD 模式使用方法。现在的中学生已经比较熟悉手机导航，利用学生不熟悉的 HUD 模式造成学生的认知冲突，引发学生思考，并引出课题。

（二）新课教学，初识平面镜成像

活动 2：认识平面镜成像。

（1）老师展示平面镜，介绍平面镜特点，认识物和像。思考：生活中还有哪些平面镜成像现象？

（2）要求学生用手中的平面镜观察自己。①改变自己与平面镜的距离，观察镜中的像有什么变化。②观察过程中可以眨一下右眼或者举起左手，注意镜中的像眨了哪只眼睛，举起了哪只手。③小组内两名同学分别扮演"物"和"像"，一人做出动作，另一人模仿镜中"像"的动作。

（3）启发学生结合生活现象，猜想平面镜成像的特点，列举出学生提出的各种猜想。倾听、思考并举例回答生活中的平面镜成像现象。

（4）观察、思考并回答问题，帮助学生建立平面镜成像的概念模型，创设情境，激发学生求知欲和学习兴趣，使学生通过观察提出各种猜想，思路不受限制，使探究活动具有真实性。

（三）实验探究

活动 3：寻找像的位置。

展示棋盘自制教具，把平面镜放在棋盘折叠线处，且保持镜面与棋盘垂直，用棋子代替蜡烛放在平面镜前，让学生试着用手指到像在平面镜后的位置，手被镜子挡住，出现矛盾，引导学生发现透明（茶色）玻璃板代替平面镜便于确定像的位置。

活动 4：标记像的位置。

棋盘上贴一张白纸，或直接以棋盘格子为标记。用"完全相同的物体"在玻璃板后与像重合，快速准确地标记像的位置。这里用完全相同的物体代替像是等效替代法。

〔像距和物距的概念〕

活动 5：像与物到平面镜距离的关系。

将国际象棋放在茶色玻璃前，用完全相同的棋子在茶色玻璃后与像重合，标记并对比像与物体到平面镜的距离。得出结论后，分析厚玻璃对像距的影响，并引导学生改进实验（用手机钢化膜）。

活动 6：像与物的大小关系。

完全相同的国际象棋棋子能在玻璃后面与像重合，说明像与物等大。让物体靠近或远离平面镜，观察像的大小变化。

突出平面镜中像"近大远小"，播放视频"汽车从近处向远处行驶，看到汽车越来越小，最后消失"，实际汽车在行驶过程中大小不变，说明近大远小是人眼的错觉。

（四）总结归纳

平面镜成像的特点：

（1）像与物体到镜面的距离相等；

（2）像与物体大小相同。

（五）练习

一个人在照镜子，请选出她的像（贴图到黑板上）。

总结：像与物关于平面镜轴对称。

活动 7：虚像（折纸突破）。

（1）用白屏取代平面镜后的替代物，观察白屏上是否有像。

（2）用折纸解释。观察、比较平面镜、透明玻璃、深色玻璃等材料的实验效果，最终确定茶色玻璃效果较好（手机钢化膜）。

（3）动手实验，标记，对比得出结论，思考，用手机钢化膜改进实验。

（4）动手实验，观察，得出结论。

（六）重复实验，归纳总结

观察，动手实验，发现白屏上无法接收到像。

观察，思考，动笔画。

引导学生联系生活，并体验、感受器材的选择和改进过程。

学生经历探究过程，体验探究方法，发展探究能力。

这里利用自制教具，可以在折叠棋盘上快速标出像的位置，且便于对比像距和物距的关系。用棋盘代替白纸，可以方便快速地得出像距等于物距，省去了测量中容易失误而对实验造成的影响。国际象棋可以轻吸在棋盘上，用国际象棋代替蜡烛，比蜡烛更稳定。培养学生物理探究实验的严谨性。

〔突破虚像难点〕

激光笔对着平面镜发射激光，光线反射，用手机投屏拍摄出整个装置的俯视图，看到平面镜后并没有像，用白纸也承接不到像，激发学生疑问，为什么看起来像似乎在镜面后呢？

用折纸直观演示光线在均匀介质中的传播路径，及遇到平面镜后光线的反射，这看起来好像是反射光线的反向延长线的交点发射出来的光线。

老师边讲边折纸，用步骤体现思路，加深学生印象。

（七）学以致用

活动8：自我挑战。

使水平方向上的物体成像在竖直方向上。（平面镜与水平面成45度角）

活动9：伪全息投影制作。

在自我挑战的基础上，讲述伪全息投影原理，学生利用所提供的材料，及初音未来伪全息视频，制作伪全息投影"初音未来"。利用手边的道具和平面镜，完成挑战。

倾听，动手制作，利用平面镜成像特点解决问题，为后面制作伪全息投影做铺垫。自我挑战之后，学生对水平物体成像在竖直方向有了直观体验，结合伪全息原理，利用手边的透明塑料板和平板电脑，制作伪全息投影，在学习知识的过程中体验成功的喜悦，感受物理学的魅力，培养社会责任感。

平面镜成像的应用："偶镜"、潜望镜、挪威小镇利用镜子制造阳光、佩伯尔幻像（伪全息技术）。

（八）倾听、思考、感受物理的魅力

综合运用、拓展延伸，从物理走向社会，培养知识的迁移与创新能力。

活动10：揭秘导航HUD模式。

学生利用实验模拟，揭秘导航HUD模式，利用平面镜成像让导航字体恢复揭秘，将平面镜成像应用于生活，应用物理知识解决实际问题。

（九）作业设计

生活云作业（选做）

拍摄生活中的"平面镜成像"现象，编辑配乐后上传至物理云盘。

（十）板书设计

平面镜成像

（1）平面镜成像特点：像与物的连线与镜面垂直；像与物到平面镜的距离相等；像与物大小相等；虚像。

（2）平面镜成像的应用：伪全息投影、"偶镜"、潜望镜。

《科学制定目标》教学设计

陶　希

→ 学情分析

学生们常常"立 flag"（网络用语，树旗帜，定目标之意），又常常无法实现，其实是由于未能制定一个科学合理的目标。只有掌握制定目标的科学方法，才能保证立下不倒的"flag"。

→ 教学目标

（1）认知目标：让学生意识到制定目标的意义；

（2）行为目标：学会制定一个科学合理的目标，使得目标可以实现；

（3）态度目标：让学生主动将目标制定的原则应用到实际生活和学习中。

→ 重点、难点

重点：让学生知道如何制定科学合理的目标，将制定目标的原则推广应用于制定学习目标上。

难点：每小组制定一个共同目标，每个人为自己量身定制一个属于自己的目标，并努力实现它。

→ 教学方法

教师讲授法、小组讨论分享、学生自主学习。

→ 评价方式 |

根据小组制定的目标是否科学合理进行评价。

以展示学生个性为标准，注重形成性评价和多元化评价。

→ 教学过程 |

（一）导入

你是否曾经立过这些"flag"？（图片呈现）（1 分钟）

你是否常常"立 flag"，又常常无法实现？本次课我们将一起来探索"立 flag"的奥秘——如何立一个不倒的"flag"？

（二）展开

为什么"立 flag"？（8 分钟）

（1）我立了"flag"也要倒，那还有必要立吗？为了寻求答案，我们先进行一个实验。实验 1：请仔细观察并努力记忆图片，你将回答一个跟图片有关的问题。

教师总结：因为有了目标，行动就有了方向。

（2）立出我的 2020 年新年"flag"。这是我新年立的"flag"，前面几项都在有序执行和完成中，但是最后一项健身，老师一直没能开始，这个"flag"眼看就要倒了，你们能劝劝我吗？好的，为了能够锻炼身体，不进医院，我一定要实现这一个"flag"。

教师总结：通过探索目标的意义，行动更有热情。

（三）深入

怎样的"flag"才不会倒？（25 分钟）

（1）明确了目标的意义后，到了我们关键的一步：怎样的"flag"才不会倒？怎样科学地制定目标？同学们参与第二个实验。

实验 2：S 侦探需要你帮助他完成一个任务。（3 分钟）

教师总结：随着证词的逐步呈现，嫌疑人的形象也逐渐清晰。模糊的目标就像一团迷雾，抓不住够不着，所以目标具体，行动才更有效。

（2）介绍制定目标的 SMART 原则，即目标必须是具体的（specific）、可以衡量的（measurable）、可以达到的（attainable）、和其他目标具有相关性（relevant）、有明确的截止期限（time-based）。由此一起制定健身目标。（7分钟）

教师总结：原来，将目标具体化还不够，目标太简单，会使我们觉得无聊，没有挑战性；目标太难，又会使我们受挫，逃避去实行。目标和自己的能力匹配，行动更有动力。

（3）分组活动及分享：根据 SMART 原则，分小组来制定一套属于你们小组共同的"flag"。（15分钟）

（四）升华

如何保证"flag"屹立不倒？（5分钟）

我们制定了科学的目标，那么问题来了？如何才能让我们的"flag"屹立不倒呢？现在请大家分小组来讨论一下，怎样做才能让"flag"屹立不倒？（锦囊1：打卡检视；锦囊2：找人监督；锦囊3：组队）

（五）总结

今天我们学习了如何科学地制定目标，给大家介绍了 SMART 原则，也让大家一起讨论了如何让我们制定的目标能够坚持执行。总之，目标千万条，行动第一条。希望同学们能科学地立下"flag"，让"flag"屹立不倒哦！

（六）作业布置

我的 flag 名片：姓名、照片、"flag"、具体计划。

《正文页的编辑排版》教学设计

刘丽霞

学情分析

本节的教学对象是七年级学生，他们在之前已经学习了计算机的基础知识，了解了图文编辑和排版的一些基本常识，对图文排版做了一定的规划和准备。七年级的学生对动手操作比较感兴趣，本节课通过学习正文页的编辑排版，提高学生对所学知识的综合应用，培养学生之间的团队合作意识，促进学生感受美与创造美的意识培养。

教学目标

1. 知识目标

（1）学会样式的创建和使用并进行分栏版式设置；

（2）学会插入图片的类型设置和效果设计。

2. 过程与方法

（1）通过视频导入，激发学生动手制作兴趣；

（2）通过自主探究、任务驱动、小组讨论和微课学习等方式，学会样式创建和图片效果设计；

（3）通过协作学习、交流与评价，充分发挥自己的创造力，设计美观的正文排版作品。

3. 情感态度与价值观

（1）体验 word 文档的编辑排版功能，激发学生对文字编辑和排版的兴趣，锻炼学生自主学习和独立思考的能力；

（2）培养学生整体规划和设计能力，提高学生的审美素养、信息素养和创造意识。

分层目标

（1）优等学生在一节课内设计美观的正文排版作品；

（2）中等学生学会插入图片的类型设置和效果设计；

（3）后进学生学会样式的创建和使用并能设置分栏版式。

教学方法

任务驱动、自主探究、小组协作、作品展示。

评价方式

1. 作品展示及作业完成度

评价标准：能完成作品为优秀，设计美观；完成分栏设置和图片效果设置为良好；能完成样式的创建和分栏设置为合格。

2. 课堂学习情况评价表

自评和他评相结合。

教学过程

（一）导入

师：请同学们看一下电脑屏幕，认识这个人物吗？

（展示《哪吒之魔童降世》这部电影中的主角形象）

师：让我们一起重温电影中的一些精彩片段。

（播放电影片段）

师：看完后，有什么样的感受，或者你对电影中哪个片段的印象最深刻？

（学生自由畅谈）

师：看了电影有许许多多的感想，我们可以将感受用文字记录下来，与更多的人分享这份感动，老师使用 word 办公软件介绍电影的剧情，制作了这样两份文档，谁来说说有什么区别呢？

师：今天，我们就将左边这份初稿，通过编辑与排版，制作成右边这样的效果，这就是我们这节课的内容：正文页的编辑与排版。

（二）样式的创建

师：在桌面上有份剧情介绍的初稿，文字的格式还没有设置，下面，我们来创建一个样式。什么是样式呢？样式是提前设置好的文字格式，可以给许多文章设置统一的格式。大家通过一个短视频，看看如何创建样式。要求如下。

正文样式：样式名称：文章样式

字体：宋体

字号：5号宝宝

行距：固定值18磅

缩进两格

对齐方式：两端对齐

学生操作，教师巡堂指导。

（三）分栏设置

师：刚刚我们设置了文字格式，我们也可以给文字进行分栏处理，大家知道什么是分栏吗？大家看过杂志吗？很多杂志的内容都是对文字进行分栏处理，左边两栏，右边分成四栏。

接下来，阅读书本55页，挑战一下分栏操作。

邀请学生上台示范操作，教师补充讲解。

（四）图片插入与效果设计

师：完成分栏的同学，尝试给文章插入图片，插入图片成功的，看看黑板上的图片发光效果是如何设置的。

学生上台演示插入图片与设置图片发光效果。

学生自主操作，教师巡堂指导。

（五）小组探究

如何将图片轮廓设置成不同的形状？

学生分享，教师补充。

师：充分发挥自己的创造力，运用图片、形状等各种元素，设计一个精美的《哪吒之魔童降世》电影介绍版面。

学生自主创作，教师巡堂指导。

（六）小组交流分享

评选出"最佳编辑者"。

（七）课堂总结

师：这节课，我们运用 word 文档中的编辑与排版功能设计了电影《哪吒之魔童降世》的剧情介绍作品，课后请大家运用本节课知识，结合自己的兴趣爱好，再设计一个美观的作品，最后希望大家能像剧中的哪吒一样不信什么命中注定，从来都是自己的选择，相信自己，成就更好的自己。

（八）作业布置

结合自己的生活实际，灵活运用本课知识，选择自己感兴趣的内容，设计一个美观的版面作品，与其他同学交流分享。

《立定跳远》教学设计

李雨春

设计理念

本次课以《义务教育课程方案和课程标准（2022年版）》（以下简称"新课标"）为依据，树立"健康第一"的指导思想，以定制教育为教学理念，以学生的发展为中心，以身体练习为主要手段，培养对体育活动的兴趣、提高学生主动参与活动的意识，使学生在身体、心理、技能、情感和社会适应等方面，以及学生的个性和创造性方面得到充分发展。

教材分析

立定跳远是九年级体育与健康跳跃项目的实践部分，也是新课标"身体健康"学习领域中的内容，根据新课标的内容与要求，立定跳远是中考体育项目，并且是发展学生腿部力量和弹跳能力的重要手段，对提高学生灵敏度、速度、力量等身体素质有着积极意义和重要作用。

学情分析

本节课教学对象为初三学生，他们已具备了独立思考、模仿、判断、概括的能力，在身体锻炼中也具备了一定的基本活动能力。立定跳远是初中生最基础的体育项目之一，本课通过分组分层的专项练习和观察别人的动作，让学生学会发现错误并纠正错误，培养独立思考和解决问题的能力，促使学生主动学习，高质量地完成练习。同时，把学生的肢体语言与动脑有效结合起来，从而增强教学效果，激发学习欲望，增强成就感，让他们体验学习和运动的乐趣。

教学目标

根据初中生的体育运动能力状况，针对教材特点以及学生生理、心理特点，制定以下三个目标。

（1）知识目标：通过本次课的学习，95％以上学生能说出立定跳远的技术动作构成。

（2）技能目标：通过本次课的学习，发展学生的下肢力量和协调性，90％以上的学生能够熟练掌握立定跳远的技术要领以及完成标准的立定跳远的技术动作。

（3）情感目标：学生积极参与练习，并在学习中与不同水平的同学相互团结合作。

教学重点、难点

重点：①摆臂与蹬地动作的配合；②两脚同时落地，落地平稳。

难点：腾空动作中的展髋、收腹、送小腿。

教法、学法

（1）教法：立定跳远采用情境创建、设问答疑、观看视频、教师示范、设立骨干辅助、个别指导等几种教学方法。结合教师的启发诱导，激发学习兴趣，指导学生学会看图和根据动作进行模仿，由浅入深、由易到难逐步教授完整技能。同时也经常提醒注意安全和加强思想教育以预防伤害事故。

（2）学法：在学法设计上，突出学生的主体地位，采用分解与完整练习法、分组分层练习法、自主探究自我纠正法、观摩法培养学生自主练习和自我纠正的能力，培养安全意识。让学生通过"听、看、想、练、问、展"的系列方法进行学习，实现快乐体育。

教学流程

本节课是立定跳远课，属于初中体育水平四的跳跃项目，单元课时为3课时，本节课是第3课时。

本次课教学过程大体设计三个阶段，即准备活动，技能学习，放松总结；六大环节，即①课堂导入；②焕发激情；③合作探究；④素质发展：课课练；⑤放松拉伸，恢复身心；⑥课堂小结及作业。

（一）课堂导入

（1）集合、检查人数、师生问好。

（2）宣布本课的学习目标、内容及要求。

（3）安排见习生。

（4）安全提示：注意安全。

（二）焕发激情

（1）搏击操。

（2）拉伸。

设计意图：通过自编搏击操，在音乐的渲染下，充分带动学生学习的激情以创造良好的学习氛围。调动学生积极性，激发兴趣，充实活动各关节，为下一步内容作准备。

（三）合作探究

1. 教师展示立定跳远的相关图片和挂图

提出问题：如何才能跳得更远？

设计意图：情境设置和展板贴图有助于学生回忆和强化记忆技术动作要领，可以让学生更深刻更直观地感受教学内容，便于对正确的技术动作的学习和理解。老师抛出一个问题：如何让自己跳得更远？让学生带着问题去练习，等待合作探究后再进行总结，得出结论。

2. 专项分区分组合作练习

在分层分组练习环节共设置 4 个小组和相对应的 4 个练习区域，即预摆区、起跳区、腾空区、落地区，因为是九年级，同学们的运动能力小组长都很了解，每个小组长根据本组学生情况进行组内再分组，设较强组和较弱组，组长重点指导较弱组。教师自创教学道具和练习方法。

设计意图：分组轮转练习大大提高了课堂练习密度，教师建立正确的动作定型，激发了学生学习热情，提高了他们动作的熟练程度。这样的专项分解练习有利于解决重、难点问题同时也避免了教学时间的浪费。练习效果很好。

3. 完整动作练习、探究及优秀展示

在完整技术教学环节中，通过教学短片的播放，学生可以更深刻更直观地感受教学内容，便于对正确的技术动作的学习和理解。学生继续分为4个小组进行练习合作探究，当第一轮学生试跳后，教师进行了正面和侧面的完整技术动作示范。这样做可以加深学生学习印象，让正确的图像在其大脑中反复出现，以便形成条件刺激，同时也有利于技术动作的定型与提高。之后学生在小组长的带领下进行合作学习和探究，练习几分钟后每组选派优秀代表进行展示，教师点评，最后引出结论，也就是之前问题的答案。

设计意图：创造轻松、愉快的学习环境，促使学生体验运动的乐趣。与学生共同探讨解决问题的方法，培养学生独立思考能力，创新意识，主动参与意识。

（四）素质发展：课课练

在音乐的渲染下，通过上肢与核心力量身体素质的练习，强化运功量与强度，使身体各部位得到全面发展。

设计意图：增加运动量和课堂的练习密度，促使身体素质均衡全面发展。

（五）放松拉伸，恢复身心

在音乐的渲染下，先通过核心力量身体素质的练习强化运功量与强度，使身体各部位得到全面发展，再通过舒缓的带有高山流水、鹿鸣鸟啼的自然声音的普拉提音乐与学生们一起拉伸放松达到身心恢复。

（六）课堂小结及作业

对本节课的小结，使学生们更加深刻地理解了立定跳远的完整技术动作，掌握了想要跳得更远的方法。体育家庭作业内容是探索开发有利于立定跳远成绩提高的辅助性练习器材，比如分解动作的专项练习器材。每个分解动作练习30次，完整动作练习50次，练习过程录制视频上传班级QQ群。这不仅体现了信息技术在体育课中的运用，也激发和促进了学生创新开发的能力。我希望在课堂构建和谐欢快的学习氛围，让学生们体验

成功的喜悦、养成高尚的道德情操。

→ 课堂效果预测

根据学生生理、心理特点，以及教学的内容安排，预计平均心率：135～140 次/分钟，预计练习密度：70％～75％。练习强度为中等。

→ 课堂评价

按技术动作、跳远长度、参与态度三个维度共计 100 分进行评价。

（1）技术动作 40 分。按照四个分解动作赋予分值，每个分解动作的标准和熟练程度给予优秀（80～100 分）、良好（70～79 分）、及格（60～69 分）、不及格（60 分以下）四个等级，再给予相应比例的分值，最后算出技术动作总分。

（2）跳远的距离 50 分。按照国家体质测试标准赋予分值，满分为 50 分。

（3）参与态度 10 分。其中，非常积极 10 分，积极 8 分，一般 6 分，不积极 4 分。

温馨提示：

（1）注意场地、器材的正确、安全使用。

（2）出现疲劳时，集中注意力避免扭伤。

（3）练习中注意调整呼吸，若出现身体不适及时告知老师。

《耐久跑》教学设计

李晓晨

教学目标

（1）认知目标：通过学习，使学生了解耐久跑的技巧。

（2）技能目标：通过学习，使 80％以上的学生掌握耐久跑的技术动作，发展下肢力量和身体协调性。

（3）情感目标：通过学习，培养学生顽强拼搏的意志品质。

教学重点、难点

重点：跑时上下肢协调用力。

难点：合理分配跑步时的体能，注意呼吸节奏。

教学准备

接力棒 4 根、标志碟 2 套、秒表、哨子。

教学过程

（一）准备部分

（1）集合整队，清点人数；

（2）师生问好；

（3）宣布上课；

（4）安排见习生；

（5）安全教育。

（二）热身操

（1）原地提踵，4×8 拍；

（2）开合跳，4×8 拍；

（3）双脚前后跳 20 次；

（4）双脚左右跳 20 次；

（5）高抬腿 20 次；

（6）后踢腿 20 次；

（7）侧压腿，4×8 拍。

（三）宣布本节课内容

1. 耐久跑训练

教师情景导入，激趣提问：同学们，以前有没有玩过"贪食蛇"这个游戏？今天我们就来好好玩一玩这个游戏！

游戏方法：沿足球场边线跑动，"蛇尾"持接力棒加速跑至"蛇头"，将接力棒向后传递，依次传至"蛇尾"，"蛇尾"持接力棒加速跑至"蛇头"，以此类推。

游戏要求：

① 超越时一律从队伍外侧行进。

② 超越过程请注意安全。

③ 注意"两步一吸，两步一呼"的呼吸节奏。

2. 故事模式（8分钟）

在"蛇头"带领下进行讨论，利用标志碟进行图形布置并尝试跑动。

3. 游戏："协力前行"

学生分四路纵队，全体蹲下，后一名同学将双手搭在前一名同学的肩上，听到哨音后，开始前进，队伍最后一名到达终点，游戏停止，用时最少的队伍，获得胜利。

（四）收尾

（1）放松运动；

（2）小结评价；

（3）师生再见；

（4）归还器材。

《职业生涯规划》教学设计

胡　玲

→ 设计理念

时代发展之快、职业变化之大，要求我们的学生不仅要认真学习书本上的知识，更要有意识地去了解自己、探索未来，以帮助自己在时代的浪潮中找到适合自己的位置。探索之路分为3个阶段，第一个阶段是认识自己，第二个阶段是认识世界，第三个阶段是生涯决策与调整。

本课和接下来一系列课程的设计旨在帮助学生了解各个学科的内涵和未来的发展趋势，了解职业的信息，使学生初步具备生涯规划和生涯决策的能力。

→ 学情分析

（1）学生知识储备方面：学生已对自身兴趣、性格、能力和价值观等四个方面有了一定认知；已经建立了对初中相关学科的初步认识。

（2）学生发展需要方面：绝大多数九年级的学生将要面临人生第一次生涯决策：升学路径为初中—高中—大学……的学生，需要考虑"3＋1＋2"中"1"所代表的物理与历史的抉择；升学路径为初中—职高—大专……的学生，需要根据自己的兴趣爱好、能力特长和家庭背景等因素去选择自己的就读专业。

→ 教学目标

（1）知识与技能层面：了解物理和历史学科与未来学业生涯和职业生涯之间的联系。

（2）过程与方法层面：尝试在自我探索的基础上进行初步的人职匹配。

（3）情感态度与价值观层面：通过人物故事的阅读，引发学生的职业探索兴趣和为国家民族作贡献的愿望。

→ 教学重点、难点

根据自我认知进行初步的人职匹配。

→ 教学过程

（一）导入

热身讨论：你如何看待今天的主题？你的理想是什么？

（二）展开

（1）学生自主学习生涯材料，完成《我的生涯体验笔记》第1～3题；

（2）学生分享。宏观地感受学科与学业、生活、职业之间的联系。

（三）深入

（1）根据以往对自我的探索，完成《我的生涯体验笔记》第4～5题；

（2）学生讨论与分享。微观地分析"我"与职业之间的联结（人职匹配）。

（四）升华

观看视频并讨论相关问题。当"我"的选择与"大多数人"的选择不一致的时候，我们如何做生涯决策？

（五）总结

（1）物理和历史都是基础学科（从中学到大学），教给我们认识世界的根本方法；

（2）学业生涯中，如果有职业目标做指引，可以有针对性地提升自己的能力，发展自己的兴趣，为更好地发挥自己的优势打下基础。

（六）拓展作业

当一次小记者，完成《我的职业访谈表》。如果你的身边没有合适的采访对象，可以通过搜索网络资源完成。

《一次函数的图象》教学设计

王冰雪

王冰雪

→ **学情分析**

　　八年级学生已学习过"变量之间的关系"，对利用图象表示变量关系已有所了解，并能从图象中获取相关的信息，但对函数与图象的联系还比较陌生，需要教师在教学中引导学生重点突破。

→ **教学任务**

　　《一次函数的图象》是北师大版数学教材八年级上第六章《一次函数》的第三节。本节内容安排了2个课时，第1课时是让学生了解函数与图象的对应关系和作函数图象的步骤和方法，明确一次函数的图象是一条直线，能熟练地作出一次函数的图象。第2课时是通过对一次函数图象的比较与归类，探索一次函数及其图象的简单性质。本课时是第1课时，注重学生在探索过程中的体验，注重对函数与图象对应关系的认识。

→ **教学目标**

　　（1）了解一次函数的图象是一条直线，能熟练作出一次函数的图象。

　　（2）经历函数图象的作图过程，初步了解作函数图象的一般步骤：列表、描点、连线。

　　（3）已知函数的代数表达式作函数的图象，培养学生数形结合的意识和能力。

　　（4）理解一次函数的代数表达式与图象之间的一一对应关系。

教学重点

初步了解作函数图象的一般步骤：列表、描点、连线。

教学难点

理解一次函数的代数表达式与图象之间的一一对应关系。

教学过程

本节课设计了八个教学环节。

第一环节：创设情境，引入课题

一天，小明以 80 米/分钟的速度去上学，请问小明离家的距离 S（米）与小明路上花费的时间 t（分钟）之间的函数关系式是怎样的？它是一次函数吗？它是正比例函数吗？

① 列出函数关系式：$S = 80t$（$t \geqslant 0$）

② 根据函数关系式绘出图象。

引出我们今天要学习的主要内容：一次函数的图象的特殊情况为正比例函数的图象。

目的：通过熟悉的生活情景，让学生在写函数关系式和认识图象的过程中，初步感受函数与图象的联系，激发其学习的欲望。

效果：学生通过对上述情景的分析，初步感受到函数与图象的联系，激发了学习欲望。

第二环节：画正比例函数的图象

什么是函数的图象？

把一个函数的自变量 x 与对应的因变量 y 的值分别作为点的横坐标和纵坐标，在直角坐标系内描出它的对应点，所有这些点组成的图形叫做该函数的图象。

例 1　请作出正比例函数 $y = 2x$ 的图象。

解：列表，

x	……	-2	-1	0	1	2	……
$y = 2x$	……	-4	-2	0	2	4	……

描点，以表中各组对应值作为点的坐标，在直角坐标系内描出相应的点。

连线，把这些点依次连结起来，得到 $y=2x$ 的图象。

由例1我们发现，作一个函数的图象需要三个步骤：列表，描点，连线。

目的：通过本环节的学习，让学生明确作一个函数图象的一般步骤，能作出一个函数的图象，同时感悟正比例函数图象是一条直线。

效果：学生通过学习，掌握了作一个函数图象的一般方法，能作出一个函数的图象，同时感悟到正比例函数图象是一条直线。

第三环节：动手操作，深化探索

1. 做一做

（1）作出正比例函数 $y=-3x$ 的图象。

（2）在所作的图象上取几个点，找出它们的横坐标和纵坐标，并验证它们是否都满足关系 $y=-3x$。

请同学们以小组为单位，讨论下面的问题，把得出的结论写出来。

（1）满足关系式 $y=-3x$ 的 x，y 所对应的点$(x，y)$都在正比例函数 $y=-3x$ 的图象上吗？

（2）正比例函数 $y=-3x$ 的图象上的点$(x，y)$都满足关系式 $y=-3x$ 吗？

（3）正比例函数 $y=kx$ 的图象有什么特点？

由上面的讨论我们知道：正比例函数的代数表达式与图象是一一对应的，即满足正比例函数的代数表达式的 x，y 所对应的点 $(x，y)$ 都在正比例函数的图象上；正比例函数的图象上的点 $(x，y)$ 都满足正比例函数的代数表达式。正比例函数 $y=kx$ 的图象是一条直线，以后可以称正比例函数 $y=kx$ 的图象为直线 $y=kx$。

既然我们得出正比例函数 $y=kx$ 的图象是一条直线，那么在画正比例函数的图象时有没有什么简单的方法呢？

因为"两点确定一条直线"，所以画正比例函数 $y=kx$ 的图象时可以只描出两个点就可以了。因为正比例函数的图象是一条过原点（0，0）的直线，所以只需再确定一个点就可以了，通常过（0，0），（1，k）作直线。

例 2　在同一直角坐标系内作出 $y=x$，$y=3x$，$y=-\dfrac{1}{2}x$，$y=-4x$

的图象。

解：列表，

$$
\begin{array}{lcc}
x & 0 & 1 \\
y=x & 0 & 1 \\
y=3x & 0 & 3 \\
y=-\dfrac{1}{2}x & 0 & -\dfrac{1}{2} \\
y=-4x & 0 & -4
\end{array}
$$

过点（0，0）和（1，1）作直线，则这条直线就是 $y=x$ 的图象。

过点（0，0）和（1，3）作直线，则这条直线就是 $y=3x$ 的图象。

过点（0，0）和$\left(1，-\dfrac{1}{2}\right)$作直线，则这条直线就是 $y=-\dfrac{1}{2}x$ 的

图象。

过点（0，0）和（1，-4）作直线，则这条直线就是 $y=-4x$ 的

图象。

目的："作出这几个正比例函数的图象"，意在让学生进一步熟悉如何作一个正比例函数的图象，同时要求学生通过这几个函数的图象，分析正比例函数图象的性质，以及 k 的绝对值大小与直线倾斜程度的关系。

效果：学生通过作出正比例函数的图象，明确了作函数图象的一般方法。在探究函数与图象的对应关系中加深了理解，并能很快地作出正比例函数的图象。

2. 议一议

上述四个函数中，随着 x 的增大，y 的值分别如何变化？

在正比例函数 $y=kx$ 中，

当 $k>0$ 时，图象在第一、三象限，y 的值随着 x 值的增大而增大（即从左向右观察图象时，直线是向上倾斜的）；当 $k<0$ 时，图象在第二、四象限，y 的值随着 x 值的增大而减小（即从左向右观察图象时，直线是

向下倾斜的）。

请你进一步思考：

（1）在正比例函数 $y=x$ 和 $y=3x$ 中，随着 x 值的增大 y 的值都增加了，其中哪一个增加得更快？你能说明其中的道理吗？

（2）在正比例函数 $y=-\dfrac{1}{2}x$ 和 $y=-4x$ 中，随着 x 值的增大 y 的值都减小了，其中哪一个减小得更快？你是如何判断的？

我们发现：$|k|$ 越大，直线越靠近 y 轴。

第四环节：巩固练习，深化理解

练习1：在同一直角坐标系中分别作出 $y=\dfrac{1}{2}x$ 与 $y=-\dfrac{1}{3}x$ 的图象。

练习2：当 $x>0$ 时，y 与 x 的函数解析式为 $y=2x$，当 $x\leqslant0$ 时，y 与 x 的函数解析式为 $y=-2x$，则在同一直角坐标系中的图象大致为（　　）

练习3：对于函数 $y=-\sqrt{3}x$ 的两个确定的值 x_1、x_2 来说，当 $x_1<x_2$ 时，对应的函数值 y_1 与 y_2 的关系是（　　）

A. $y_1<y_2$　　B. $y_1=y_2$　　C. $y_1>y_2$　　D. 无法确定

目的：这里的三个练习题，一是让学生熟练正比例函数图象的作法，二是明确正比例函数图象的性质，注意自变量的取值范围。

效果：学生通过练习，进一步熟练了正比例函数图象的作法，对正比例函数和正比例函数图象的一般特征有了清楚的认识。

第五环节：课时小结

本节课我们通过对正比例函数图象的研究，掌握了：

（1）函数与图象之间是一一对应的关系；

（2）正比例函数的图象是一条经过原点的直线；

（3）作正比例函数图象时，只取原点外的另一个点，就能很快作出。

目的：让学生在回忆的过程中，进一步加深对正比例函数图象的理解，同时对本节所学知识有一个总结性的认识。

效果：学生通过对本节学习的回顾和小结，对所学知识更清楚，抓住了重点，明确了关键。

第六环节：拓展探究

内容：出示一些有针对性的拔高题给学生练习。

目的：对学有余力的学生，能进一步提高，让他们的学习活动深入下去，同时为以后学习正比例函数图象的应用奠定基础。

效果：学生通过对练习题的探究，对正比例函数图象有更深入的了解。

第七环节：作业布置

习题 4.3　1、2、3、4 题，5 题选做。

第八环节：板书设计

一次函数的图象

函数的图象　　　　　做一做　　　议一议

作函数图象的步骤

正比例函数的图象是过原点的一条直线

→ **教学反思**

这节课主要是学生利用数形结合的思想去研究正比例函数的图象。刚开始，学生对函数与图象的对应关系有点陌生。在教学过程中，教师可通过情境创设激发学生的学习兴趣，对函数与图象的对应关系应让学生动手去实践，去发现，对正比例函数的图象是一条直线应让学生自己得出。在得出结论之后，让学生运用"两点确定一条直线"，很快作出正比例函数的图象。在巩固练习活动中，鼓励学生积极思考，提高学生解决实际问题的能力。

当然，根据学生状况，教学设计也应做出相应的调整。如第一环节的"创设情境，引入课题"，固然可以激发学生兴趣，但也容易让学生关注对代数表达式的寻求，甚至对部分学生形成一定的认知障碍，因此该环节也可以直接开门见山，直入主题，如提出问题：正比例函数的代数形式是 $y=kx$，那么，一个正比例函数对应的图形具有什么特征呢？今天我们就研究正比例函数对应的图形特征——正比例函数图象。

《认识二元一次方程组》教学设计

曹杨梓

曹杨梓

学情分析

学生的知识技能基础：学生在七年级上册已学过一元一次方程，已经具备列出一元一次方程解决实际问题的经验，为本节的学习做好了知识储备，课前估计学生有能力经过自主探索和交流列出二元一次方程组，解决简单的实际问题。

学生活动经验基础：本节所涉及的实际问题包括老牛、小马驮包裹问题，公园的门票问题等，这些均为学生所熟悉的情境，容易被学生接受和理解，也容易建立相应的数学模型来解题。

教学任务

《谁的包裹多》是义务教育课程北师大版实验教科书八年级上第五章《二元一次方程组》的第一节，本节内容安排 1 个课时完成。具体内容是：让学生通过对实际问题的分析，体会方程是刻画现实世界的一个有效数学模型；同时了解二元一次方程、二元一次方程组及其解等有关概念，并会判断一组数是不是某个二元一次方程组的解。

二元一次方程是继一元一次方程后，又一个体现符号表示思想的内容，它是刻画现实世界的一个有效数学模型，在数学上有着广泛的应用，同时也是学习物理、化学等其他学科知识的重要基础。它既是一元一次方程知识的延伸和拓广，又是今后学习一般线性方程组及平面解析几何等知识的基础，具有承上启下的作用。列方程（组）解应用题是联系实际的重要方面，突显了方程作为一种数学模型的重要特征，这既是培养学生逻辑思维能力的良好载体，也是培养学生应用意识和实践能力的良好题材。

在学生对一元一次方程理解的基础上，教科书从实际问题出发，通过引导学生经历自主探索和合作交流的活动，学习二元一次方程、二元一次方程组及其解等基本概念。在学习过程中，突出建模思想，展现方程是刻画现实世界的有效数学模型，是贯穿方程与方程组的一条主线。

→ 教学目标

（1）理解二元一次方程（组）及其解的概念，能判别一组数是否是二元一次方程（组）的解；

（2）会根据实际问题列出简单的二元一次方程或二元一次方程组；

（3）加深对概念的理解，提高对"元"和"次"的认识，逐步培养类比分析和归纳概括的能力，了解变与不变的辩证统一的思想。

→ 教学重点

（1）掌握二元一次方程及二元一次方程组的概念，理解它们解的含义；

（2）判断一组数是不是某个二元一次方程组的解。

→ 教学难点

从实际问题中抽象出二元一次方程组的过程，体会方程的模型思想。

→ 教学过程

本节课设计了四个教学环节。

第一环节：情境引入

1. 情境 1

实物投影，并呈现问题：在一望无际的呼伦贝尔大草原上，一头老牛和一匹小马驮着包裹吃力地行走着，老牛喘着气吃力地说："累死我了。"小马说："你还累，这么大的个儿，才比我多驮 2 个。"老牛气不过地说："哼，我从你背上拿来一个，我的包裹就是你的 2 倍！"小马天真而不信地说："真的?!"同学们，你们能否用数学知识帮助小马解决问题呢？

请每个学习小组讨论（讨论 2 分钟，然后发言）。教师注意引导学生设两个未知数，从而得出二元一次方程。

这个问题由于涉及老牛和小马驮的包裹两个未知数，我们设老牛驮 x 个包裹，小马驮 y 个包裹，老牛的包裹数比小马多 2 个，由此得方程 $x - y = 2$，若老牛从小马背上拿来 1 个包裹，这时老牛的包裹是小马的 2 倍，得方程：$x + 1 = 2(y - 1)$。

2. 情境 2

实物投影，并呈现问题：昨天，有 8 个人去红山公园玩，他们买门票共花了 34 元。每张成人票 5 元，每张儿童票 3 元。那么他们到底去了几个成人、几个儿童呢? 同学们，你们能用所学的方程知识解决这个问题吗?

仍请每个学习小组讨论（讨论 2 分钟，然后发言），老师注意引导学生分析其中有几个未知量，如果分别设未知数，将得到什么样的关系式。

这个问题由于涉及有几个成年人和几个儿童两个未知数，我们设他们中有 x 个成年人，有 y 个儿童，在题目的条件中，我们可以找到的等量关系为：成人人数＋儿童人数＝8，成人票款＋儿童票款＝34。由此我们可以得到方程 $x + y = 8$ 和 $5x + 3y = 34$。

在这个问题中，可能会有学生认为用一元一次方程也可以解答，我们要肯定学生的做法，并将学生的答案保留下来，放到二元一次方程组解法的学习中去，增强学生学习的好奇心与积极性。同时告诉学生在某些有两个等量关系的实际问题中，列二元一次方程组比列一元一次方程更快捷、清楚。

目的：通过现实情景再现，让学生体会到方程是刻画现实世界的有效数学模型，培养学生良好的数学应用意识。

设计效果：学生通过前面的情景引入，在老师的引导下，列出关注两个未知数的方程，为后续关于二元一次方程的讨论提供了素材，同时，有趣的情境，也激发了学生学习的兴趣。

第二环节：新课讲解，练习提高

1. 二元一次方程概念的概括

提请学生思考：上面所列方程有几个未知数? 所含未知数的项的次数是多少? 从而归纳出二元一次方程的概念：含有两个未知数，并且所含未知数的项的次数都是一的方程。教师对概念进行解析，要求学生注意这个定义有两个要求：

① 含有两个未知数；

② 所含未知数的项的最高次数是一次。

再呈现一些关于二元一次方程概念的辨析题，进行巩固练习。

（1）下列方程有哪些是二元一次方程？

① $x + 3y - 9 = 0$　　② $3x^2 - 2y + 12 = 0$　　③ $3a - 4b = 7$

④ $3x - \dfrac{1}{y} = 1$　　　　⑤ $3x(x - 2y) = 5$　　　　⑥ $\dfrac{m}{2} - 5n = 1$

（2）如果方程 $2x^{m-1} - 3y^{2m+n} = 1$ 是二元一次方程，那么 $m = \underline{\quad}$，$n = \underline{\quad}$。

2. 二元一次方程组概念的概括

师提请学生思考：上面的方程 $x - y = 2$，$x + 1 = 2(y-1)$ 中的 x 含义相同吗？y 呢？（两个方程中 x 表示老牛驮的包裹数，y 表示小马的包裹数，两个方程中 x、y 的含义相同）由于 x、y 的含义分别相同，必同时满足 $x - y = 2$ 和 $x + 1 = 2(y - 1)$，我们把这两个方程用大括号联立起来，写成 $\begin{cases} x - y = 2 \\ x + 1 = 2(y - 1) \end{cases}$，从而得出二元一次方程组的概念：共含有两个未知数的两个一次方程所组成的一组方程，如：$\begin{cases} 2x + 3y = 3 \\ x - 3y = 0 \end{cases}$，$\begin{cases} 5x + 3y = 8 \\ x + y = 8 \end{cases}$。

注意：在方程组中的各方程中的同一个字母必须表示同一个对象。

再呈现一些辨析题，让学生进行巩固练习。

判断下列方程组是否是二元一次方程组：

（1）$\begin{cases} x - 2y = 1 \\ 3x + 5y = 12 \end{cases}$　　　　（2）$\begin{cases} x^2 + y = 1 \\ x - 3y = 5 \end{cases}$　　　　（3）$\begin{cases} x - 7y = 3 \\ 3y + 5z = 1 \end{cases}$

（4）$\begin{cases} x = 1 \\ y = 2 \end{cases}$　　　　（5）$\begin{cases} x - \dfrac{2}{y} = 5 \\ 3x + 8y = 12 \end{cases}$　　　　（6）$\begin{cases} 2a - 3b = 1 \\ 5ab + 2b = 3 \end{cases}$

3. 因承上面的情境，得出有关方程的解的概念

（1）$x = 6$，$y = 2$ 适合方程 $x + y = 8$ 吗？$x = 5$，$y = 3$ 呢？$x = 4$，$y =$

4 呢？你还能找到其他 x，y 值适合方程 $x+y=8$ 吗？

（2）$x=5$，$y=3$ 适合方程 $5x+3y=34$ 吗？$x=2$，$y=8$ 呢？

（3）你能找到一组值 x，y 同时适合方程 $x+y=8$ 和 $5x+3y=34$ 吗？各小组合作完成，各同学分别代入验算，教师巡回参与小组活动，并帮助找到这 3 道题的结论。

由学生回答上面 3 个问题，老师得出结论：

适合一个二元一次方程的一组未知数的值，叫做这个二元一次方程的解。

如 $x=6$，$y=2$ 是方程 $x+y=8$ 的一个解，记作 $\begin{cases} x=6 \\ y=2 \end{cases}$；同样，$\begin{cases} x=5 \\ y=3 \end{cases}$ 也是方程 $x+y=8$ 的一个解，同时 $\begin{cases} x=5 \\ y=3 \end{cases}$ 又是方程 $5x+3y=34$ 的一个解。

二元一次方程组中各个方程的公共解，叫做二元一次方程组的解。

例如，$\begin{cases} x=5 \\ y=3 \end{cases}$ 就是二元一次方程组 $\begin{cases} x+y=8 \\ 5x+3y=34 \end{cases}$ 的解。

然后，同样呈现一些辨析性练习。（投影）

（1）下列四组数值中，哪些是二元一次方程 $x-3y=1$ 的解？

（A）$\begin{cases} x=2 \\ y=3 \end{cases}$ （B）$\begin{cases} x=4 \\ y=1 \end{cases}$ （C）$\begin{cases} x=10 \\ y=3 \end{cases}$ （D）$\begin{cases} x=-5 \\ y=-2 \end{cases}$

（2）二元一次方程 $2x+3y=28$ 的解有：

$\begin{cases} x=5 \\ y=\underline{\hspace{1.5cm}} \end{cases}$ $\begin{cases} x=\underline{\hspace{1.5cm}} \\ y=-2 \end{cases}$ $\begin{cases} x=-2.5 \\ y=\underline{\hspace{1.5cm}} \end{cases}$

$\begin{cases} x=\underline{\hspace{1.5cm}} \\ y=\dfrac{7}{3} \end{cases}$ ……

（3）二元一次方程组 $\begin{cases} x+2y=10 \\ y=2x \end{cases}$ 的解是（   ）

（A）$\begin{cases} x=4 \\ y=3 \end{cases}$ （B）$\begin{cases} x=3 \\ y=6 \end{cases}$ （C）$\begin{cases} x=2 \\ y=4 \end{cases}$ （D）$\begin{cases} x=4 \\ y=2 \end{cases}$

(4) 以 $\begin{cases} x = 1 \\ y = 2 \end{cases}$ 为解的二元一次方程组是 （　　）

(A) $\begin{cases} x - y = 3 \\ 3x - y = 1 \end{cases}$ 　　　　(B) $\begin{cases} x - y = -1 \\ 3x + y = -5 \end{cases}$

(C) $\begin{cases} x - 2y = -3 \\ 3x + 5y = -5 \end{cases}$ 　　　　(D) $\begin{cases} x - y = -1 \\ 3x + y = 5 \end{cases}$

(5) 二元一次方程 $x + y = 6$ 的正整数解为 _____ 。

(6) 如果 $\begin{cases} x = 1 \\ y = 2 \end{cases}$ 是 $\begin{cases} x + 2y = m \\ 3x - y = n \end{cases}$ 的解，那么 $m =$ _____ ，$n =$ _____ 。

(7) 写出一个以 $\begin{cases} x = 2 \\ y = -3 \end{cases}$ 为解的二元一次方程组 _____ 。（答案不唯一）

目的：通过新课的讲解以及学生的练习，充分做到讲练结合，让学生更好地巩固新知识。

设计效果：通过本环节的讲解与训练，让学生对利用新知识解决一些简单问题有更加明确的认识，同时也尽量让学生明白知识点不是孤立的，需要前后联系，才能更好地处理一些新问题。

第三环节：课堂小结

（1）含有两个未知数，并且含有未知数的项的次数都是一的整式方程叫做二元一次方程。

（2）二元一次方程的解是互相关联的两个数值，它有无数个解。

（3）由两个一次方程组成，并含有两个未知数的方程组，叫做二元一次方程组，它的解是两个方程的公共解，是一组确定的值。

目的：引导学生小结本节课的知识要点及数学方法，从而将本节知识点进行很好的回顾以加深学生的印象，同时使其知识系统化。

设计效果：本环节虽然用时不多，却是必不可少的教学环节，对学生回顾与整理本节课的知识效果明显。

第四环节：布置作业

习题 5.1 。

→ 教学设计反思

（1）本节课充分体现了从问题情境中抽象数学问题、使用各种数学语言表达问题、建立数学关系式、获得合理的解答、理解并掌握相应的数学知识与技能的有意义的这一变化学习过程。在教学中力求体现"问题情境—建立数学模型—解释、应用与拓展"的模式，使学生在自主探索和合作交流的过程中建立二元一次方程的数学模型，学会逐步掌握基本的数学知识和方法，形成良好的数学思维习惯和应用意识，提高自己解决问题的能力，感受数学创造的乐趣，增进学好数学的信心，获得对数学较全面的体验和理解。

（2）通过情境引入，让同学们体会到了生活中的数学无处不在，激发了他们强烈的求知欲望。教学充分利用小组合作交流，让同学们自己找出方程中的等量关系，启发同学们自己说出各个定义的理解。在同学们合作做题的时候，老师进一步强调小组合作交流、合理分配时间会取得更好的效果。教学各环节紧紧相扣，整个教学过程逻辑清晰，问题与问题之间衔接紧密，每一步都为下一步做了很好的铺垫。

（3）这个案例主要针对中等生而设计，教师可根据学生学习能力再进行设计上的侧重。比如，学生学习能力较强，可在实际问题中对二元一次方程组的模型、课后的拓展环节作进一步抽象设计，增加适当的深层次的内容，以满足学生的学习需要。

《化肥的简易鉴别》教学设计

刁 卓

学情分析

（1）知识层面：学生已经学习了第一部分关于化肥种类和复分解反应的知识，这为本节课的学习奠定了基础。学生由于刚学完酸碱盐的知识，来不及消化，又要学习生活中接触较少的化肥，有一定的学习难度。

（2）能力层面：学生已经具备了实验观察和归纳总结的能力，但在知识迁移能力上还有欠缺。再加之该课型为网课，学生实际操作和观察能力不能得到突出的展示。

（3）心理层面：学生对第一部分化肥的种类有了一定了解，本课知识涉及具体操作，直观性形象性较突出，学生对此比较感兴趣，对实验充满好奇，并且实验中会有刺激性气味，会让学生记忆深刻，但因网络直播课的限制，学生可能不能真实体验实验过程，致使兴趣减弱，枯燥感上升，但涉及的知识和科学、社会、自然息息相关，也会增加学生的求知欲。

教学目标

（1）知识与技能：了解氮肥、钾肥和磷肥的简易鉴别，学习简单的离子鉴别方法。

（2）过程与方法：通过"活动与探究"学习和体验应用所学知识解决实际问题，发展实验探究的化学核心素养；通过交流与讨论，提升表达与交流的能力，并逐步形成良好的学习习惯。

（3）情感态度与价值观：通过本课的学习，体验化学知识在农业生产上的重要性，培养热爱化学的情感，科学精神和社会责任感。

→ 重点、难点

（1）重点：根据常见化肥物理性质和化学性质的不同，开展探究活动，使同学们了解区分它们的方法。

（2）难点：尝试运用复分解反应的原理来选择适当的试剂鉴别各种化肥。

→ 个性目标

（1）优等生：了解氮肥、钾肥和磷肥的简易鉴别方法，学习简单的离子鉴别方法。（习题评价难度 3.0）

（2）中等生：了解氮肥、钾肥和磷肥的简易鉴别方法，学习简单的离子鉴别方法。（习题评价难度 2.0）

（3）后进生：了解氮肥、钾肥和磷肥的简易鉴别。（习题评价难度 1.0）

→ 教学方法

实验探究法、对比实验法、问题驱动法。

→ 评价方式

课堂及时反馈＋课后小测。

课堂反馈情况分析＋课后小测成绩辅助分析。

→ 教学过程

（一）创设情景，提出问题

激发学生的好奇心，体会生活中的化学，激发学生科学探究的热情。

提出问题 1：多瓶化肥的标签丢失了，我们该如何鉴别不同类别的化肥？

引导：物理方法/化学方法。从化学视角培养学生的物质变化观，通过实验设计和探究，观察实验现象，培养学生动手探究、数据分析、归纳能力，发展学生证据推理能力。并且让学生学会利用化肥物理性质鉴别不同类别化肥的方法。

实验探究 1：物理性质——鉴别氮肥、钾肥、磷肥。

视频、图片播放：引导学生观察视频、图片中的实验现象，注意实验操作的规范性。

总结交流：

引导学生描述实验现象并分析归纳不同类别化肥的物理性质的差异。分别从外观、气味、溶解性进行归纳。

教师补充：碳酸氢铵散发出刺激性气味的原因是常温下它易分解成二氧化碳、氨气、水，这种刺激性的气味是氨气特有的味道。

学生观察现象，讨论并得出以下结论。

外观：钾肥和氮肥都是白色晶体，磷肥多数是灰白色粉末。

气味：只有氮肥中的碳酸氢铵会产生刺激性的气味。

溶解性：钾肥和氮肥全部溶于水，只有磷肥不溶于水或部分不溶于水。以此激发学生的求知欲，感受化学带来的魅力。

过渡：可以通过观察外观和闻气味非常轻易地将磷肥、碳酸氢铵给区分出来。

提出问题 2：如何鉴别钾肥（KCl/K_2SO_4）和氮肥（NH_4Cl）？

教师引导：物理方法解决不了的问题，化学方法来解决。

学生认真听讲，并思考可能采取的方法。通过对比实验，作现象捕捉和证据推理，培养学生探究思维和方法，从个别到一般，培养学生的迁移运用能力。掌握氮肥和钾肥鉴别的化学方法并学会铵根离子的鉴别。

实验探究 2：化学性质——鉴别氮肥、钾肥。

引导学生观察视频、图片中的实验现象，注意实验操作的规范性。

实验：取研细的氮肥（NH_4Cl）、钾肥（KCl）少量于研钵中，分别加入少量熟石灰［$Ca(OH)_2$］，混合研磨，观察能否嗅到气味，用湿润的红色石蕊试纸检验。

引导学生思考铵根离子的检验方法，学生观察实验现象并进行总结。

学生通过已有的知识，总结铵根离子的检验方法。

（二）总结提升，迁移应用

让学生从化学视角出发，建立与生产、生活及社会实际相联系的系列问题，引导学生关注化学反应原理，达到学以致用的效果，巩固和加深学生对中和反应的理解，增强学生的社会责任感和对化学学科价值的认识。

1. 实战演练

（1）爷爷买回的化肥包装袋磨损，字迹不清，无法辨认。请帮助爷爷鉴别钾肥（K_2SO_4）和氮肥〔$(NH_4)_2SO_4$〕。

（2）爷爷自制复合肥（草木灰与 NH_4NO_3 混合）为农作物补充氮、钾元素。这种做法可以吗？为什么？

2. 思考，讨论，小结应用

由学生总结，回顾归纳本节课知识。拓展延伸掌握方法的规律。同时培养学生分析问题的能力，学以致用。

（1）归纳总结本节课的内容。

（2）进行习题演练，回顾归纳练习。

（三）布置作业

随堂测试卷

一、选择题

1.（难度 1.0）下列化肥中，属于复合肥料的是（　　　）

A. $CO(NH_2)_2$

B. $(NH_4)_2HPO_4$

C. $Ca(H_2PO_4)_2$

D. K_2SO_4

2.（难度 1.0）某农技站货架上待售的化肥有 NH_4NO_3、KNO_3、$CO(NH_2)_2$，其中缺少的肥料品种是（　　　）

A. 氮肥　　　　B. 磷肥　　　　C. 钾肥　　　　D. 复合肥

3.（难度 2.0）下列有关物质的性质、用途等说法正确的是（　　　）

① 干冰可用于人工降雨　② 石墨可作电极　③ 氧气可用作燃料

④ 氢氧化钙能改良酸性土壤　⑤ KNO_3 属于复合化肥

⑥ 生活中氢氧化钠可用来除去炉具上的油污，也可用来治疗胃酸过多

A. ①②③④⑤⑥

B. ①②③④

C. ①②④⑤

D. ①③④⑥

4.（难度 2.0）下列鉴别物质的方法，错误的是（　　　）

A. 蚕丝和涤纶——抽丝灼烧

B. 氯化铵和碳酸钾——加熟石灰研磨

C. 二氧化碳和氮气——用燃着的木条检验

D. 硝酸铵和氢氧化钠——加水溶解

5. （难度 3.0）下列实验方案正确的是（　　）

A. 用点燃的方法除去 CO_2 中少量的 CO

B. 用 Fe_2O_3 和稀硫酸制备 $FeSO_4$ 溶液

C. 用水区别固体 NH_4NO_3 和固体 $NaOH$

D. 用 $BaCl_2$ 溶液检验 Na_2SO_4 溶液中是否含有 Na_2CO_3

6. （难度 2.0）下列生产活动中的做法或安排，正确的是（　　）

A. 在用熟石灰改良后的土壤中，立即施用碳酸氢铵增加土壤的含氮量

B. 野外勘察时突降大雨，进入无名山洞避雨，应先做灯火试验

C. 除铁锈时需要配制稀硫酸，先将浓硫酸倒入容器中，再添加适量的水

D. 利用废弃的铁制容器，放入熟石灰和硫酸铜溶液配制波尔多液

7. （难度 1.0）物质的用途主要利用其化学性质的是（　　）

A. 石墨用作电极材料　　　　　　　B. 干冰用于人工降雨

C. 一氧化碳用作燃料　　　　　　　D. 金刚石用于切割玻璃

8. （难度 1.0）"低碳生活"是指在生活作息时减少能量耗用，使二氧化碳排放量降低的一种时尚生活方式。下列不符合"低碳生活"主题的是（　　）

A. 用旧报纸制铅笔杆　　　　　　　B. 少开私家车，多坐公交车

C. 开发回收利用二氧化碳的新技术　D. 深秋时节焚烧落叶

9. （难度 1.0）今年 4 月初，某地发生柏木和轻微水污染事故。环保人员对受污染的原水进行了投入活性炭等处理。活性炭的作用是（　　）

A. 去除异味　　　　　　　　　　　B. 消毒杀菌

C. 沉降杂质　　　　　　　　　　　D. 降低水的硬度

10. （难度 1.0）合理使用化学肥料可提高农产品的产量，促进农业的发展，下列化肥不属于复合肥的是（　　）

A. NH_4NO_3　　　　　　　　　　B. KNO_3

C. KH_2PO_4　　　　　　　　　　D. $(NH_4)_2HPO_4$

二、填空题

11.（难度 3.0）杨兰同学去舅父家做客，看到一个"蛇皮袋"上印有如下所示的标签，还嗅到一股刺鼻气味。

碳酸氢铵（NH_4HCO_3）净重：50 kg　含氮量≥16.6%　××化学工业公司

杨兰向舅父解释说：

（1）这包化肥是_____肥，能促使作物枝叶生长茂盛，叶色浓绿；每袋化肥中含氮元素的质量至少为_____kg。

（2）该化肥_____时容易分解，因此，最好在早晨或傍晚施用且及时用土覆盖或灌溉；在施用时不能与_____性物质混合。

→ **教学反思**

以发展学生化学核心素养为本的化学教学，应追求的是"从具体知识传授到核心观念建构，从关注具体知识的解析转变为聚焦于促进学生认识发展"的教学理念。本节课通过实验探究认识中和反应，从个别到一般，从宏观到微观，从现象到本质，以促进学生的认知发展。

（1）本节课联系实际生活，彰显学科价值——以帮助农民伯伯鉴别化肥实例为切入点，激发学生的学习兴趣和好奇心，让学生带着求知和解决生活实际问题的欲望进入对新知的探索，激发学生科学探究的意识。在迁移与提升环节，期望学生以化学的视角解决生活中与化肥简易鉴别相关的问题，通过寻找生活中的化肥，达到学以致用的目的，巩固加深概念理解，在培养学生的社会责任感的同时彰显化学学科的价值。

（2）本节课以学生为主体——通过一系列以学生为主体的探究实验活动的设计，培养学生科学探究的思维方法，逐渐在脑海里建构与化肥相关的知识体系。

（3）本节课关注学生化学学科观念的形成——从原有知识出发提出问题、解决问题，在对比、归纳、讨论、思考的过程中不断渗透物质的分类观、微粒观、变化观等，注重学生化学学科观念的养成。

《算盘》教学反思

张 媛

2020 年 10 月 27 日下午，我参加学校青年教师基本功大赛，在八年级 9 班上了一堂课，这是一堂关于算盘的英语阅读课。课上，学校全体英语组教师都过来听课，课后大家给予了这堂课很高的评价，"课堂目标清晰可达成，活动设计环环相扣，丰富多样，能够吸引学生兴趣，课件制作精良"等，也给我提出了一些宝贵的意见，让我受益良多。同时，我自己也对这节课针对教学目标、教学内容、教学方法、教师话语、教学实施等几个方面进行了深刻反思。

第一，教学目标。本节课的教学目标设定，一是学生能使用关于算盘的英语词汇和表达；二是学生能够用英语读出算盘上面的数值，能够举例子说明算盘的重要性；三是学生能够用英语向其他人介绍算盘。这一教学目标与教育部倡导的算盘走进课堂相符合，并且符合学生的心理特征，也能够激发学生的学习兴趣，目标在教学活动中可测评。我认为这节课基本达成了目标，但是八年级 9 班学生英语水平两极分化较大，所以不同层次的学生教学目标达成度有所差异。

第二，关于教学内容。这堂课的教学材料 Abacus talk 改编自八年级上册 B 本的 reading（阅读），生词量较大，对我们班的学生来说有一定的难度。所以我之前已经在课上进行了文本解读和生词的处理，为了带领学生进入深层次解读，也为了提高学生的兴趣，我对文本进行了改编，改成了以算盘的口吻来自述构成、发展历史和重要性等。教学目标中要求所学的内容，容量和难度适合学生认知水平，本课教学内容有一定的信息量，且有利于学生保持学习的兴趣和学习积极性。

第三，教学方法。这节课所采用的教学方法，主要是情境教学法和合作学习，通过中间让学生小组讨论以及最后的情境设计让学生小组合作向游客介绍算盘，充分调动学生小组学习的积极性，有效地发展学生的英语语言技能和思维能力。同时，我精心制作教学课件，每一个视频和图片都是我精挑细选或自己利用视频编辑软件合成的，针对性强。

第四，关于教师话语。在一年多的教学实践中，我特别关注教师话语在整个课堂活动中所起到的重要作用，我认真地写下了在课堂上每一句可能说的话，并把串词打印出来，反复琢磨修改。同时提醒自己一定要注意跟学生的互动，当学生回答的时候，眼睛要真诚地看着学生，并对学生的回答进行具体的评价，比如 You have a good pronunciation（你发音很好），而不是用简单的 good（好）来评价所有的学生，甚至无视他们的回答。在学生作为导游，用英语给其他游客作流利介绍、富有热情的时候，我不由得说"Do you think he is a good tour guide? Why? Do you want to travel with him?"（你觉得他是一个好导游吗？为什么？你想和他一起旅游吗？）一系列问题，评价具体有效，这也是我自己未曾预设到的。不过，这一点我在这节课上做得也不是特别好，在情景设计的环节，有些串词临时发挥了一些，以至于有一些语法错误，因此在以后的教学实践中，我会更加注意跟学生的互动，尽量把每个环节的串词预设好，这样才可能在课堂中根据学生的表现生成更多真实有效的教与学。

第五，在教学实施中，我按照读前、读中、读后的阅读教学来设计和实施教学活动，过程完整，指向预设目标，重点突出。导入环节，通过关于中国古代四大发明的图片来激活学生的已有知识，并引入中国古代另一重要发明——算盘。随后根据算盘的用途回顾了计算的发展，图片有趣生动，紧扣教学内容。读前，让学生观看一段关于算盘的视频，并提出两个问题，引导学生带着问题观看视频提高学生的注意力。读中，首先引导学生快速阅读文章并匹配段落大意，之后对每段文本设计不同的活动来进行解读。为了更好地向学生展示算盘的结构，我特意提前在网上购买了一个木质算盘，自己通过网络视频反复学习琢磨，在这一过程中我也对算盘产生了极大的兴趣，这能够帮助我在课堂上充满活力和热情，也有利于带动学生的学习兴趣。读后，设置在中国珠算博物馆参观的情景，引导学生四人一组，一人为导游，其余三人是游客，开展小组活动，创设合作学习的机会，为学生提供充分的学用英语的机会，有效拓展学生的知识面和文化视野。

经过这次公开课，我对英语教学有了更深的理解，以后会进一步提高自己的文本解读能力，提高教学设计水平，更加注意教师话语对学生的引导等方面。教学不止，反思无涯，我将不忘初心，继续前行。

《液体的压强》教学分析

王志伟

《液体的压强》是初中物理教材第九章第二节，是学生在学习物理学科时需要掌握的基础知识之一。以下针对本节教学我进行了一些反思和总结。

→ 课前准备

在教学前，我认真备课，阅读了教材和相关的教学资料，重新复习了本章前面的知识点，使自己对教学内容有了更加全面和深入的了解。同时，我也准备了多个涉及液体的实验，以及一些液体压强的例子和图片，以便更好地向学生传授本节内容。

→ 教学方法

本节内容主要涉及液体的压强，我采用了多种教学方法来使学生更好地理解和掌握本节内容。

（1）通过实验进行直观教学。我准备了多个简单的实验来帮助学生直观地感受液体压强的概念。实验内容主要分为两个部分：一是感受液体压强，二是利用压强计测量出液体压强的特点。实验设备包括压强计、透明水桶、塑料袋、底面及侧面不同高度带孔并用橡皮膜密封的试管等。实验基于液体的压强大小与深度和密度有关，而在同种液体、同一深度下，液体压强向各个方向均相等的原理而设计。在实验中，学生需要通过实验操作和压强计的数据记录，来掌握液体压强的特点。

（2）通过图片和例子进行概念解释。我也准备了多个图片和例子来帮助学生更好地理解液体压强的概念。例如，通过帕斯卡"桶裂实验"来讲解液体压强与液体深度的关系，或者通过船闸的运作来解释连通器的工作原理。

（3）通过问题解决提高学生应用能力。我提出了多个问题，让学生运用所学知识解决实际问题。例如，如何在生活中找同一平面。

教学难点

1. 教学难点

（1）对液体压强概念的理解。在教学中，我发现学生对液体的压强概念理解困难，很难将压力和液体高度之间的关系理解透彻。他们往往认为压力与液体高度成正比，而忽略了液体密度的影响。同时，在液体静力学的应用中，学生也很难将压强与液体的重力平衡进行有效结合。

（2）对液体静力学的应用。在教学中，我发现学生对液体静力学的应用存在难度，特别是在应用题目中很难正确地理解题意和应用公式，导致答案错误。同时，学生在解题中容易出现迷失方向、公式使用错误等问题，影响了他们的解题能力和信心。

2. 解决方法

（1）对液体的压强概念进行深入讲解。为了解决学生对液体的压强概念理解困难的问题，我在教学中注重对液体的压强概念进行深入讲解。首先，我引导学生理解压力的概念，让他们认识到压力是单位面积上的力量。其次，我通过实验展示不同液体高度下的压力差异，让学生了解压力与液体高度和液体密度的关系，以此建立正确的液体压强概念。

（2）引导学生掌握液体静力学应用技能。为了提高学生的液体静力学应用能力，我采取了多种教学方法。首先，我通过实例和案例展示液体静力学的应用，并引导学生将问题分解为液体压强和液体重力平衡两部分进行解决。其次，我提醒学生注意分析问题的解题思路，特别在应用公式时要根据题目的要求进行选择和使用。

反思和改进

1. 知识点的教学

在教学液体的压强这一知识点时，我发现学生对于压强的概念理解不深。他们往往将压力和压强混淆，或者只是简单地认为压强是液体压力的大小。为了解决这个问题，我采取了以下措施：

（1）让学生通过实验感受液体的压强。我在教学中设计了多个实验，如用针管在液体表面取液、用液体压力推动活塞、在液体中放置小球等。通过这些实验，让学生感受液体对于物体的压力，并进而理解压强的概念。

（2）强调压强的单位及其计算方法。在教学中，我特别强调了压强的单位是帕斯卡，同时通过公式液体压强＝液体密度×液体深度×重力加速度，引导学生正确计算液体压强。

（3）让学生进行多种计算练习。我设计了多个计算练习题，让学生巩固和加深对于压强的理解。

2. 教学方法的改进

在教学方法上，我发现学生对于公式的掌握和应用存在一定困难。他们往往只是记住了公式，但不知道如何运用公式解决实际问题。为了解决这个问题，我采取了以下措施：

（1）以案例引导学生思考。我在教学中设置了多个案例，引导学生思考如何运用公式解决实际问题。例如，如果知道一个容器中液体的密度和高度，如何计算液体的压强？通过让学生在实际问题中运用公式，加深了他们对于公式的理解，同时也提高了他们的应用能力。

（2）培养学生自主思考的能力。我在教学中强调让学生自己思考如何运用公式解决问题，并鼓励他们在解题过程中提出自己的解决方案。这种方式，不仅可以提高学生的自主思考能力，同时也能培养他们的创新精神。

3. 实验的策略改进

在教学实践中，我发现学生在实验中存在一些问题，首先是对实验流程不清晰，学生对实验的流程不清晰，往往会造成实验步骤不完整、数据记录不规范等问题。其次是实验教学过于注重结果，在实验教学过程中，学生对于实验结果的掌握和分析能力得到了提高，但对于实验过程和操作技能的掌握相对较弱。

为了解决以上问题，我制订了以下改进策略：

首先，制定清晰的实验流程，在实验前，向学生详细介绍实验流程和注意事项，重点介绍实验步骤和数据记录规范。其次，强化对实验过程的掌握，在教学中，注重学生对于实验过程和操作技能的掌握，鼓励学生通过实验操作来深入理解液体压强的概念和公式。最后是多种教学方法的运用，在实验教学中，采用如演示法、讲解法、互动式教学等教学方法，以激发学生的学习兴趣。

第四章

五维课堂教育总结

"五维课堂教育成果"是对"五维课堂理论研究"实践的收获和成果总结，本章一是深入分析学生在实践中的表现和成长，探究"五维课堂教育实践"对学生的全面发展和探究能力的促进。同时，也会分析教师在实践中的表现和作用，探究教师是否发挥了主观能动性和专业素养，为学生提供了更好的学习环境和资源。此为本。二是分析教育教学目标的达成情况，探究"五维课堂教育实践"对学科知识和学科素养的提升效果，以及跨学科和多元化教学的推广和应用情况。此为纲。三是分析教学方法和教学过程，探究"五维课堂教育实践"对学生探究精神和主体能动性的促进效果，以及多样化的教学方法和评价方式的应用效果。此为度。四是分析教学时间的安排和分配，探究"五维课堂教育实践"对学生学习效果和学习热情的影响，以及教学进度和课程安排的合理性和科学性。此为度。五是分析课堂环境和管理，探究"五维课堂教育实践"对学生个性化教育和心理健康的关注程度，以及教师与学生、家长、社会的良好互动和合作情况。此为界。

综上所述，本章将从"本、纲、度、时、界"五个方面分析和总结"五维课堂教育实践"的成果和收获，以期为今后的教育教学实践提供有益的借鉴和启示。

"预设—生成—深化"思想品德教学模式的实践探索分析

唐　莹

现代教育是培养人的全面发展的教育，是注意素质提高的教育。学生良好思想品德的形成、健康人格的养成，是实施素质教育的必然要求。然而长期以来，学生在思想品德课中对道德知识和道德观念的接受却总是处于被动状态，缺乏主体性和参与性，缺乏体验、思考和选择，致使他们在思想品德课中只懂得"是什么、为什么和怎么样"的问题，而无法将之转化成内在的道德情感、道德意志和道德行为习惯。在日常教学中，我们常常看到，有的学生在课堂上夸夸其谈、讲得头头是道，而课后的行为却截然相反，这就是学生对道德观念缺乏主体体验，缺乏内在转化和消化的结果。那么，如何在思想品德课中充分发挥学生的主观能动性，使他们主动参与获得道德观念并用所学指导自身的实践呢？我就这个问题的思考开展了"预设—生成—深化"思想品德教学模式的实践探索。

一、研究构想

1. 研究目标

以现代教育科学理论为指导，摒弃以教师为中心的"注入式"教学，突出以学生为主体的教育思想，充分尊重学生的人格，调动学生的主观能动性，营造轻松、愉快、民主、和谐的课堂学习氛围，促使学生主动、创造性地参与道德实践，全面提高道德素质。

2. 理论依据

（1）教育学依据。课堂教学是教与学的双边活动，只有充分发挥学生的主体作用和教师的主导作用，才能最大限度地提高学生学习的积极性，提高整个课堂的教学效率。正如布鲁纳指出的："知识的获得是一个主动的过程，学习者不应是信息的被动接受者，而应该是获取过程的主动参与者。"

（2）心理学依据。中学生活是形成人生观、价值观的重要时期，这个时期的学生已经有了自己独立的想法，同时对于这个世界也有很强的好奇心，充分利用学生在这个时期的心理特点，就能收到良好的教学效果。

（3）学科教学原理。思想品德教学只有坚持"晓之以理、动之以情、导之以行、持之以恒"的教学规律，才能达到教学的最终目的。因为这一教学规律重视发挥学生的主体性，重视发挥学生的内在动力，重视道德观念转化过程的引导，可使品德教育处于一种极其和谐亲切的氛围，从而取得良好的效果。

3. 模式特征

（1）活动性。充分调动学生参与教学过程，是获得全面而独到的感性认识，积累丰富的事物表象，达到感性认识到理性认识升华的重要途径。"预设—生成—深化"思想品德教学模式就是尽可能地创设各种契机，让学生参与活动，在活动中自觉地体会道德品质的内涵。

（2）兴趣性。兴趣是最好的老师，是个体积极认识、探究某种事物的内在力量。"预设—生成—深化"教学模式就是从各个角度，采用各种途径和方法激发学生的兴趣，达到教学目标的。

（3）形象性。鲜明生动的道德形象与道德事例是学生掌握道德观念的绝好资源。"预设—生成—深化"教学模式通过对课文中道德形象的阅读理解、语言描述、表演展示和现代化教学法再现等种种手段，将之形象化，为学生的主动参与提供背景和条件。

（4）创造性。手脑并用，在活动中、在实践中开启创造的门扉，养成不以现成知识为满足，不以固有技能为"唯一"的习惯，培养跃跃欲试式的心理素质，鼓励学生敢想敢问敢说敢做，形成有个性、有创见的品德。这也是"预设—生成—深化"教学模式的特点之一。

（5）情感性。亲其师，才能信其道。"预设—生成—深化"教学模式的最大特点是教学的民主性。苏霍姆林斯基说："对人由衷的关怀，这才是教育的血和肉，学生从教师那里感受到真诚的关怀和热爱后，他就会从内心受到鼓舞和激励。"师生的情感交流制约影响着学生的道德意志和道德行为的发展。因此"预设—生成—深化"教学模式注重情境的创设，注重氛围的营造，注重师生之间的情感交流。

4. 操作原则

（1）主体性原则。学生是学习的主人，他们对知识的接受和教师的教导具有选择性和能动性，他们对道德知识的掌握、理解和发展很大程度上借助自身的内在力量。"预设—生成—深化"教学模式强调学生的学习内因，注意把客体的社会文化转化为主体的素质结构，把外在的影响和要求"内化"为学生个体的品质修养。

（2）情感化原则。"没有人的情感，就从来没有，也不可能有人对真理的追求。"这是列宁关于情感的论述。不错，情感具有一种内驱力，积极的情感能调动学生的激情。反之，消极的情感对学生的思维具有抑制作用。因此，"预设—生成—深化"课堂教学要求教师善于调节自己和学生的心理结构，注重教学中积极情感的充分发挥，以饱满热情感染学生，使师生之间心灵相融，亲密合作。

（3）寓教于乐原则。心理学研究告诉我们：当人的心理处于兴奋时，其记忆力特别好，工作效率特别高。孔子曰："知之者不如好之者，好之者不如乐之者。""预设—生成—深化"教学模式强调寓教于乐，变抽象为形象，变"苦学"为"乐学"，强调教学方法的多样性、灵活性和趣味性。

（4）开放性原则。学生的身心发展、道德品质的形成就是不断与环境进行物质、能量、信息交换的过程。庭院里跑不出千里马，温室中养不出好花。加强思想品德教学内容的开放性，加强道德范例的可辩性，加强教学手段、方式的丰富性，是促进学生主体参与的重要条件。

5. 模式结构

为了在教学过程中充分地发挥教师的主导作用和学生的主体作用，我们结合思想品德课程的教学特点，在教学实践中摸索出主体参与式的应结构模式（见图1）。

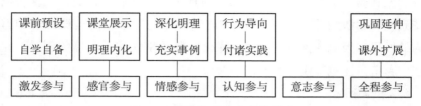

图 1   主体参与式的应结构模式

此模式讲究环环相扣，层层递进，结合思想品德学科的特点，重视调动学生多方位、多层面的参与意识，具有目的性强、层次性强、灵活性强、易于操作等特点。

二、操作方法

1. 课前预设，自学自备

根据中学生易受情绪感染、可塑性强的心理特征，我们从思想品德教材特点出发，根据教学需要，在课前创设具有挑战性的问题，激发学生参与动机，课下自学自备，使思想品德教学达到事半功倍的效果。学生通过自学自备的过程，完成了第一层面的自我学习。

（1）提出问题。学起于思，思源于疑。没有问题也就难以诱发和激起求知欲，教师要想让学生自己真正动起来，最好的办法就是提出问题，让学生带着问题去思考、分析、寻求正确答案。问题意识会激发学生强烈的学习愿望，从而使其高度集中注意力，积极主动地投入学习；问题意识还可以激发学生勇于探索、创造和追求真理的科学精神。

（2）解决问题。著名学者郭沫若说："教育的目的，是培养学生自己学习，自己研究，用自己的头脑来想，用自己的眼睛来看，用自己的手来做的这种精神。"教学实践表明：学生带着问题自学阅读的过程是最好的独立钻研的过程，也是发挥学生主体作用的重要环节。独立阅读能力是培养学生自学能力的关键，通过自读教材可以使学生真正地以学习的主人的身份参与课堂教学过程。

（3）相互交流。学生会在准备的过程中和小组之间进行合作，互通有无，这样就可以相互之间取长补短、集思广益。

2. 课堂展示，明理内化

《学记》载："独学而无友，则孤陋而寡闻。"课堂交流能使学生各抒己见、集思广益、互相启发、取长补短、形成共识，使问题逐步得以解决。新课程改革强调身体性参与，学习不仅要用自己的脑子思考，还要用自己的眼睛看，用自己的耳朵听，用自己的嘴说话，用自己的手操作，即用自己的身体去经历，用自己的心灵去感悟。在组织交流时，我注重广泛调动每位同学的积极性，使尽可能多的学生动脑想、动口说、动耳听，成为直接参与讨论的主体。

经过讨论的问题往往能使学生经久难忘，使其更深入地进行思考，使其在自学阶段获得的正确认识得到巩固，使原来理解不够清楚、掌握不够准确的知识及时得到矫正，使学生发挥出主体思维的"共振效应"，这对于培养学生的自学能力和发展学生的智力都是十分有利的。

3. 深化明理，充实事例

利用学生在讨论交流中的反馈信息对教学过程实施有效调控是优化课堂教学的重要方面。教师只有根据学生的反馈信息及时掌握学情，才能判定教学的成功和失败，进而针对实际情况进行适时点拨，深化课堂教学效果。教师在掌握上述各种不同情况后再"对症下药"：对于那些浅显易懂，学生在自学讨论环节就已经解决了的问题即不需要再讲的知识点应坚决不讲，切实摒弃面面俱到的做法；对于那些学生虽懂但理解不深、不到位的地方，教师要讲，但不是从头讲，而是在学生不甚明了的地方认真讲，直到学生明白弄懂为止；对于那些学生还没有弄懂的地方，教师要认真分析问题存在的根源，在此基础上循循善诱，不厌其烦地对学生进行启发引导，对于本节课内容中的重点、难点、关键点，应结合课前编制的导学提纲，作为精讲的内容讲深讲透，通过解开知识纽结，来带动理解一般性的知识，起到举一反三、触类旁通的作用。

4. 行为导向，付诸实践

思想品德课教育目的最为关键的就是让学生把学习的东西内化为自己的实际行动，付诸实践。著名教育学家马斯洛认为，人有使自己趋向更道德的自我实现的潜能。处在世纪之交的思想品德课，要善于借助学生的主体性活动，开发他们的道德潜能，提高他们的自我教育、自我发展能力。

这是作为学生品德指导者的我们所肩负的重任。

三、实验效果

在思想品德课堂教学中，竭力遵循学生的年龄特点和心理发展规律，不断摸索和完善预设—生成—深化教学模式，使其规范化、模式化。学生在愉悦和谐、民主平等的课堂气氛中，知识得到升华，思想得到陶冶，道德行为得到规范，主体意识得到激发，参与活动空前活跃。同时，以上这种符合教学规律的课堂教学模式，对提高教师的业务能力，提高课堂效果，提高学生的品德转化，形成良好的行为习惯，都起到了较好的效果。在今后的教学工作中，我还将进一步探索研究，进一步完善补充，使"预设—生成—深化"教学模式走上更科学、更规范化的道路。

浅谈如何以小练笔为载体提高学生写作水平

张雅霖

《义务教育语文课程标准（2011年版）》指出，教师对学生进行语文教育，要"在发展语言能力的同时，发展思维能力，激发想象力和创造潜能"，同时《全日制义务教育语文课程标准（实验稿）》要求学生"能具体明确，文从字顺地表述自己的意思"。而随着新课程改革的深入推进，许多教师基于践行这些理念，逐步将"小练笔"应用到了阅读教学和写作训练当中。这种方式给语文教学，特别是作文教学带来了一股清新的空气，注入了新鲜的活水，其应用的普及度越来越广，效果也日益凸显，既满足了新课标对学生写作能力的要求，又可以培养学生的想象思维能力，并且可挖的潜力较大。我们所谓的"小练笔"可以概括为在语文教学中，围绕一定的重点内容或中心目的进行的小型的写作训练，是在教学过程中实施语言训练，促进读、做、写结合的有力措施，既有利于加深对阅读作品的理解，也能达到提高学生写作水平的目的。当然，我们这里探讨的主要是后者，也就是"小练笔"对于学生写作能力的提高。

一、"小练笔"实施过程中的重点把握

作为一线语文教师，在以"小练笔"为载体进行教学的时候，需要总体把握好以下几点原则，这样有利于更好地发挥"小练笔"的作用。

（一）教师要给予练笔写作更大的开放度

相较于传统的作文教学，"小练笔"要更加自由。可以不太讲究形式，不过分追求华丽的修辞，只要真实。原创是主要原则。在课堂上，教师可以拿出10分钟左右的时间，要求大家围绕一个主题进行练笔练习，尽可能

地鼓励学生体现多样性和自由度，这本身也是对学生思维能力的一种有效锻炼，可增加学生的写作深度。

（二）教师要加强自身对于学生小练笔的指导

这与我们上文指出的"开放度"并不矛盾，毕竟对于基础教育学段的学生来说，他们自我调节的能力相对较低，在练笔过程中也容易记成流水账的模式，千篇一律，所以需要教师指导。教师必须告诉学生，他们面对的选题可能是一样的，但要学会从不同的角度，讲好自己的故事，这就使我们的练笔有了活力，有了更多生命的色彩，对于学生写作能力的提高也有更多裨益。

（三）对于学生的练笔作品，教师要给予更多的宽容和鼓励

教师要特别注意把握在对学生练笔作品评价过程中的激励作用。对那些质量较高、充满活力的作品给予表扬和展示，对那些相对一般的作品在指出问题的同时也要善于发现这些练笔的亮点，并更多地进行鼓励。这有利于激发学生在课内进行练笔的兴趣，对学生写作能力的发展极为有益。毕竟，学生的自控能力更能决定练笔的效果，鼓励的教育方式可以提高学生对于这项活动的用心程度，假以时日会促使学生的写作能力有一个质的提高。

二、课内教学实施"小练笔"的策略

课内是实施"小练笔"的主舞台，教师在平时的课内教学中要有练笔的教学意识，具体而言，可以从以下三个方面着手。

（一）从补写课文的空白点着手进行随笔练习

在初中阶段，许多优美的文学作品被选进了教材，这些作品同时也为学生的练笔提供了广阔的思考和发挥空间。对于教师而言，可以充分利用文本中的"空白"来指导学生进行小练笔，以此培养学生的写作能力。这种空白既可以出现在文中，也可以出现在文章末尾。前者比如《范进中举》中，范进在赶考的时间内，其家里的生活是怎样的？这是文中给我们留下的空白，学生可以根据自己对于全文中心的理解和自己的感悟进行练笔；后者比如《孔乙己》中，关于孔乙己最后离开咸亨酒馆的命运如何？

这是文末为我们留下的空白，是一种情节的发散，这样的练笔活动有利于培养学生的发散思维。由此可见，不管是哪种类型的"留白"，这种填补课文空白的方式既可以锻炼学生的想象能力，拓展学生的思维深度，加深其对课文的理解，又能提高学生的写作能力，可以说一箭双雕、一举两得。

（二）从仿照范文的特点着手进行随笔练习

被选进教材的课文都是经过千挑万选的，或在手法，或在文采，或在思想上有其独特的意义。作为教师要发挥这些范文的最大价值，不能仅仅停留在让学生欣赏领会这些范文的优秀之处，更要鼓励学生根据这些范文进行自己的随笔仿写练习。比如在学习老舍先生《济南的冬天》一文时，我们通常会赏析这其中描写雪景的比喻句，这些比喻句的运用形象地表现了济南冬天的俏皮姿态，自然也可以让学生对这些比喻句进行仿写，并应用到自己的练笔和作文写作当中。毕竟经典作品中的写作手法有着更高的仿写价值。

（三）从转换不同文体的角度着手进行随笔练习

可以这样说，每一册的语文教材都有不同的文体，目的也是让学生能够了解不同文体在表达手段和表达内容上的不同之处。我们知道，相同的内容以不同的文体表达，会有不同的表达效果，学生所接受的阅读理解也会有所不同。从这一角度而言，灵活引导学生转换不同的文体表达方式，不但能加深学生对文本的理解，而且能帮助他们掌握不同体裁的写作技巧，有效提高写作能力。比如，可以将课文中的古诗词，特别是宋词改写成现代散文，用散文的笔触来描写宋词的意境。学生在改写、转换的过程中，一来要立足古诗词的意象、意境和情感，二来要充分发挥自己的想象力和渲染力，将诗词的意境通过白话文优美地表达出来，这本身就是对学生写作能力的重要提升。

总之，为了提高学生的作文水平，在课堂教学中，教师应抓住一切机会，让学生进行相关的"小练笔"训练，教师给予有效的引导和评价，假以时日，学生的表达和写作能力必将会有较大的提高。

浅谈如何创设物理教学情境

邱 平

物理情境教学，就是针对中学生思维特点和认知规律，以"情感"为纽带，以"情境"为手段，以"情趣"为突破口，以"生活"为源泉，以"和谐的师生关系"为保证，使学生在课堂上获得探索知识的乐趣，使课堂教学真正成为学生自我需求的活动场所。变"要我学"为"我要学"，创设物理情境教学，不但有利于充分调动学生学习科学的积极性，而且还能培养学生浓厚的学习兴趣。如何发挥好物理教学中的情境效应，激活课堂，我结合多年的教学实践浅谈几种创设教学情境的做法。

一、以小实验为基础创设教学情景

物理是一门以实验为基础的学科，学生能否有效地获得物理知识，实验的教学很重要。教师就要钻研教材，设计出一些很有趣味的小实验，从而更好地把学生的心留在课堂上。例如，在学习"大气压强"一节时，可以拿一个透明的装满水的玻璃杯，盖上硬纸片，先问学生："如果将杯倒置过来，并放开压住纸片的手，水会流出来吗?""纸片会掉下来吗?"然后演示给学生看：这时水不会流出来，纸片也不会掉下来。又如，在学习"阿基米德原理"时，演示这样一个实验：取一只去底的矿泉水透明塑料瓶，瓶口朝下，放入乒乓球。让学生猜想：如果往里面注水，乒乓球会怎么样? 然后往塑料瓶里面注水。现象：乒乓球被水压在瓶底，同时有水从塑料瓶口漏出；接着用手堵住漏水的瓶口。现象：一会儿，乒乓球窜到水面，浮在了水面上。这些实验会让学生感到惊奇和困惑，就把学生的注意力牢牢吸引住了，他们会对这样的情景产生浓厚的兴趣，情不自禁地去思考其中的奥妙，从而为学习后面的知识创作一个良好的开端。

二、借助小故事创设教学情景

一个有趣的故事能吸引人的注意，也能加深人的记忆，而一个有趣的小故事更能激发学生学习的动力。如果在课堂上展示科学家在研究时的一个生动有趣、艰苦卓绝的研究过程去感染学生，不仅可以增加学生学习科学的兴趣，还可以培养他们刻苦的精神、实事求是的态度。如在学习"阿基米德原理"一节时，先以一个"金冠之谜"的小故事开始：传说一次国王吩咐珠宝工匠为他制造一顶纯金王冠，但又恐防那顶王冠掺有银，故国王吩咐阿基米德为王冠找一个不会损毁，又可鉴别的方法。阿基米德为此苦思多日，直到一天在浴盆洗澡时发觉，当身体浸入水中时，水溢出盆外，并感觉到身体轻了，阿基米德突然想通了其中的道理，高兴得连衣服也不穿，光着身子发狂地跑到宫中，并大喊："我找到了，我找到了!"学生被这搞笑的情节吸引住了，此时教师提出问题：他找到了什么？学生在大笑之余思考他到底找到的是什么，然后引出课题，这样学生为弄明白"他找到了什么"，就会全神贯注地投入学习。又如在学习"密度"一节时，先以"死海不死"的小故事引入：相传公元70年罗马军东征统帅狄杜处决几个被俘的奴隶，命令将他们投入死海中淹死，但奇怪的事情发生了，那些人总是浮在海面上，就是不沉入海里。这位统帅很生气，并命令给他们都绑上大石头，然后往里扔。被绑上石头的俘虏们心里想：这下我们肯定要死了。但是结果令所有的人都没有想到，那些俘虏仍然浮在海面上，没有被淹死。这是为什么？教师在学生纳闷之际引出课题，将起到事半功倍的效果。

三、设置问题创设教学情景

理解是思维的基石，思维能力是发展智力的核心。在课堂教学中，要做到宽其心，扣其情，启其智，必须精心设问，巧于提问，尽量让学生多思，使之入境。而物理教学的过程应当是一个不断提出问题和解决问题的过程。因此，教师应十分重视问题情景的创设，将学生引入一种与物理问题有关的情景中，造成一种悬念，使学生产生探索的欲望，让学生成为问题"探索者"，在自觉、主动探究过程中发现问题、解决问题。如在讲

"物体受力怎样运动"时可以这样开始，提出一个有趣的问题："把一个一吨重的铁球放在地上，一只蚂蚁能不能推动它？"话音刚落，学生大笑，齐声答："推不动！""如果地面非常光滑呢？""也推不动！"仍有几个学生不服气地说。老师没有笑，要大家考虑。忽然有人醒悟过来，"推得动推不动，不是看大铁球的重量，而是要看它与地面摩擦力的关系……"老师肯定了学生的回答，并开始逐步引导学生研究推力与摩擦力大小怎样影响水平方向的运动。通过争论解决的问题，理解也特别深刻，其效果是一般性讲解所无法达到的。容易引起争论的，往往是生活中碰到的现实与物理原理表面上相"矛盾"，或者平时形成的概念与严格定义的物理概念不一致的问题，设计一些这样的问题，引起学生的争论，对澄清学生的错误认识大有好处。如此学生迫切想知道所要学习的知识是如何解决这一问题的，从而就创设了一个"乐于探讨"的问题情境。

四、结合生活经验创设教学情景

物理来源于生活，又服务于生活。用生活实际创设教学情景，既让学生感觉到物理就在身边，贴近学生的生活，又符合学生的认知特点，更增添了学生的学习兴趣。如讲授"摩擦力"一节时，一上课，讲台上放两个玻璃容器，一个盛油，一个是空的。在两个容器中分别放入一粒光滑的钢珠。教师先用一只手拿竹筷把放在空玻璃容器里的钢珠夹上来，然后请学生用光滑的塑料筷夹放在油中的钢珠。这个学生费了九牛二虎之力也未成功，于是教师利用这一"对比"因势利导地和学生开展有趣的讨论。又如在学习"升华"时，用多媒体播放电视剧《西游记》中孙悟空腾云驾雾的片段。请学生依据看到的"烟雾缭绕"场景，以场景布置人员的身份参与拍摄，你应该怎么做呢？有的学生说，洒些水，利用水蒸气液化产生雾。有的学生说点些蚊香之类的东西。学生经过一番思考后，讲出的这些方法可能有一点点效果，但绝对达不到影片效果。实际中工作人员只要撒一些干冰（固态二氧化碳）就能产生"烟雾缭绕"的景象。这样让学生置身于拍摄现场去思考，充分调动了学生急于求知的积极性。

高尔基说："惊奇是了解的开端和引向认识的途径。"在情境教学中，学生作为一个有独立意识的主体置身其中，很容易产生探究的愿望、解决问题的热情与责任感，这些学习的动力资源促使学生主动去为问题的解决设计方案，寻找有意义的信息，并对信息进行分析、筛选与组织，最终指向问题的解决。新课程的实施要求"倡导学生主动参与、乐于探究、勤于动手"，因此，我们应尽力创设情境推动学生自发"卷入"课堂的教学活动，变"难"学为"想"学、"好"学。

兴趣教育在小学美术教学中的应用

李莹莹

近年来，随着我国课程改革的深入，课程改革的教学目标也发生了改变，培养学生的兴趣意识成为关键，俗话说：兴趣是最好的老师。我认为在美术教学中首先要激发学生的学习兴趣，让学生热爱美术，自觉主动地投入美术学习，才能使美术教学取得好的效果。下面，结合本人教学实践，浅谈几点体会。

一、适时利用好奇，激趣乐画

兴趣与好奇紧密相连，好奇是兴趣的先导，一堂成功的美术课，首要的一点应该使孩子们对所接受的新知识具有浓厚的兴趣、极大的热情和好奇。我认为，根据小学生爱好奇，好胜的心理特征，结合美术教学内容，不失时机地诱发学生学习兴趣，会取得良好的效果。

俗话说："教学有法，但无定法。"在上"剪画瓶子和罐子"这堂美术课时，我为了进一步调动学生积极思维想象，进一步体现瓶罐的形态特点，悄悄地在布袋里装上瓶罐，让几位好奇的学生把手伸进袋里摸一摸，感觉它究竟是什么形状，有什么质感，让学生从感受中想象它们的形状。学生们个个都好奇地皱着眉，积极思维，互相讨论猜测。这时再让他们立即剪出自己所感受到的瓶罐不同形状，学生们兴致勃勃，剪好的瓶罐竟比原有的更漂亮、更奇特、更新颖。我在课堂教学中，通过置疑，引起学生兴趣，从而得到了乐画的效果。

二、创造宽松氛围，激趣乐画

古人云："教人未见意趣，必不乐学。"我们教师应尽量为孩子们创造宽松、自由的课堂氛围，启发他们的想象力，让他们有充分施展个性的机会，从而使他们尽情地画出属于他们自己的、最美最好的画。同时巧用游戏，激发学生的表现欲和想象力，从而增强其创新意识和能力。游戏能给学生带来学习的兴趣，能给课堂营造良好的氛围。而创设良好活跃的氛围，能激发学生的创新欲望。心理学研究表明：良好的心境可以使联想活跃，思维敏捷，表达欲增强，积极的游戏活动能激发学生创新意识。同时，模仿能力强、好动、好玩、不怕羞、爱表现也是小学生的天性，教师在游戏中语言要突出重点，运用儿童语言把讲、听、看、玩有机地结合起来，使学生在玩中获得知识和美感。

三、更新观念，激发个性创作的灵感

在美术教学中，我并不给学生提供绘画范本，不规定绘画形式、绘画风格，而是给学生更多的想象空间，在这样的氛围里学生才能无拘无束，畅所欲言，自由表现，展示其个性。曾经在网络上看到这样一个故事：同样上"画苹果"这一课，美国小学生画苹果，教师拎来一筐苹果，由学生任拿一个去画；而中国学生画苹果往往是老师在黑板上画一个标准的苹果，学生再模仿着去画。结果自然是中国学生画得最像。对于我们这些教师而言，无疑会喜欢那个符合"标准"的苹果。但我们应该静下心来想一想：绘画教学的目的是单纯让学生会画吗？答案当然是否定的，绘画教学重要的是培养学生的想象力、创造力。每个学生对待同一个主题有各自不同的想法，如果教师把自己的想法硬塞给学生，或者拿着一些"范画"让学生借鉴甚至是临摹，那么，学生的思维一定会受局限，想象和创造力从哪里来？教师应该通过正确的引导，激发学生根据自己的想法自信地去画，学生才能创作出意想不到的优秀作品。即使这些作品"不像"，也是学生个性的体现，不能一棒子打死。

四、提高学生思维能力，培养学生创新能力

随着新课标的不断推进和深化，教育所注重的不仅是知识的积累与沉淀，更注重学生综合能力的发展，尤其是创造能力的养成。美术教育的实质目的在于培养学生敏锐的观察能力、丰富多彩的想象能力，以及独具匠

心的创新能力。因此，在小学美术教学中，教师要特别注重培养学生的创造意识与创新能力。一个人基本素质能力的最高体现就是创新能力。要通过画画培养孩子的创新能力，教师首先就要把"孩子是否能画一张漂亮的画""能否得奖""能否画成像画家那样的画"这样一些目标放在后面，而将"孩子是否敢于画""是否敢于面对真实的世界画""是否敢于画与众不同的画"这样一些目标放在前面。有了这些目标，教师就可以把孩子今天的画同他们过去的画相比，看今天的画是否有了更多的内容、更多的细节和更多的情趣，不难发现这其中闪现着孩子创新能力的火花。

创造是艺术的灵魂，为了培养孩子的创新能力，在辅导孩子画画时，教师应尽可能地鼓励孩子画自己周围一些常见的事物。因为创新能力的一个最大的特点就是：它往往是对一件平常事物的再发现和重新组合。孩子在画周围事物时，往往会自然而然地在观察、记忆、分析、理解和再现的过程中加入自己的想象，补充新奇的内容，这正是对孩子创新能力最好的锻炼。

五、采取多元化评价方式，激发学生的绘画兴趣

（一）学生自评

在教学评价中，要尽量体现学生的主体性，把评价的权利还给学生，让学生自主评价。让学生自己展示并评价自己的作业，评价后在画的空白处写上几句话，可以是肯定自己优点也可以是激励性的建议。例如：画的色彩对比非常鲜艳，如果在构图上再努力些，肯定会更好；如果花纹再漂亮些就好了；等等。学生自评，以学生自我介绍作品和讲述自己的方法为主，目的在于培养学生的表达能力，通过自评，给他人以成功的经验，给自己以提高的方法。

（二）学生互评与集体评

发挥学生自我实现的观察能力。用学生互评、集体评这样的方法，不但被评者得益，评价他人美术作品的学生也可以从中吸收别人的长处，还能培养审美能力和评价能力。这一过程中，尽可能地防止提出尖锐的批评性意见，以免伤害学生的自信心。在展评学生作品阶段，引导学生这样评

价：在这些作品中，你最喜欢哪一幅作品，欣赏它的哪个地方，哪个地方如果修改一下会更好？或者把学生的作品摆放在教室里，让学生写欣赏卡，即写上你欣赏它的哪一点，放在相应的作品旁边，可以写一张，也可以写多张，比一比看谁欣赏的优点多。这也是一种十分有效的评价方法。

六、开展美术竞赛，激趣乐画

丰富的教学资源也是激发和调动学生学习兴趣的有效举措之一，教师可以根据学生的好胜心，用比赛来激发他们的学习兴趣。在教学中，我会为学生创设一个竞争和成功的机会，恰当地开展一些有益的比赛活动，用竞争来激发学生的美术兴趣，如：常有的每节课的总结，我将优秀作品挑选出，及时给予表扬，并将其中一部分作品贴在学校的橱窗内，让他们获得成功感。长此以往，学生们美术积极性提高了，暗地里较上了劲，比比谁画得好，画得好的就可贴于橱窗给全校师生欣赏了，多好呀！良性循环，学生越画越起劲，越来越感兴趣。

每个孩子由于家庭生长环境不同、接受教育的背景不同、个性特点不同等，致使其对美的标准、感受、兴趣等存在一定的差异，教师在授课过程中要清醒地认识到这一点，注意因材施教，采取多种多样有针对性的教学措施，根据学生不同的美术领悟能力及绘画功底，采取有差别的教学方法。因此，这就要求我们广大教师在教学过程中，要根据小学生的心理特点和认知规律，结合小学美术学科特点，刻苦钻研教材，精心设计教法，充分激发学生的美术兴趣，努力调动学生的美术积极性，创设和谐、民主、快乐、平等的课堂教学氛围，让学生在乐趣中步入乐画的天地。

七、结束语

综上所述，小学生年龄较小，并处于身心人格的发育阶段，如果没有形成良好的美育意识，则不利于将来的综合发展。所以要激发学生学习兴趣，还需要我们一线美术教师继续为之努力。我相信，课堂教学中结合美术学科特点，挖掘教学中能激发学生学习兴趣的因素，使学生学习与生活紧密相连，把趣味性和知识性、科学性结合起来，并恰当运用多种教学手段，美术课必然会活起来，学生学习美术的兴趣也会更加浓厚。

校园影视促进课程与学科教学改革的实践与研究

曾伟民

随着多媒体技术的发展，电影已经是人们日常生活中的重要组成部分，相对于教育来说，电影也对其起着积极的作用，不仅在很大程度上改变了人们的视听方式，也影响着青少年的身心发展。在实施素质教育过程中，校园影视已经成为现代教育发展的一种方式，校园影视和学科、校园课堂的融合，已经成为未来素质教育的发展趋势。通过校园影视激发学生的学习兴趣，强化学生的知识内容，让学生身临其境，不失为素质教育的一种良好的改革方向。

一、校园影视的魅力

校园影视和传统教育相比有着得天独厚的优势，相比其他多媒体技术，其具有动静结合，声像结合、虚实结合的优势，节目在制作过程中加入的动画效果和创意，从很大程度上开阔了学生的视野，为中学生创新能力的发展提供了良好的发展方向，也为素质教育开辟了新的方向，让学生和老师共同营造出了五彩的窗户。校园影视自推出以来，一直深受各个学校的重视，很快在中学取得良好的效果，它以多角度多元化的表现形式在课堂教学中发挥着自己的魅力，受到学生和老师的一致好评。

二、校园影视的作用

（一）校园影视帮助学生形成正确的价值观

校园影视可以帮助青少年形成正确的价值观，很多的校园影视都是弘扬爱国主义的良好素材，比如正在播出的《厉害了，我的国》，以及吴京主演的《战狼2》，无不传播着社会的正能量，为社会主义核心价值体系的传播带来了良好的影响，可以帮助青少年弘扬爱国情操、促进我国校园教育的发展，帮助青少年更好地了解社会、获取校园以外的知识，还可以帮助青少年感受真善美的魅力，让青少年激发奋斗的精神，形成优良的品德。不仅如此，影视作品中的爱恨情仇，英雄情结，也可以帮助青少年体会社会的各种情感，体会世间的生活，使他们更加深刻地认识和思考生命的意义和价值，促进青少年思想上的成长和进步。

（二）优秀的校园影视作品可以引起学生的自豪感

每个青少年所获得的信息，都会投射到青少年个人思想情感上，而这种思想情感如果是优秀的文化，必然熏陶出一种进步的社会文化，如果是负面的信息，必然熏陶出腐朽的社会文化。而优秀的校园影视可以给青少年树立榜样，引起他们心灵的共鸣。比如当看到影视作品中表现出来的优秀人物时，青少年必然会去模仿；当看到影视作品中出现的优秀书法、绘画、京剧等传统文化时，必然会激起青少年对我国五千年灿烂文明的热爱。当然，那种由心底而发出的自豪感也是情不自禁的。

（三）校园影视可以提高学生的鉴赏能力和审美能力

影视中完美的叙事结构、五彩缤纷的画面色彩、和谐的音乐必然能够给人以美的享受，电影中的人物主题和人物事件还会让人心灵受到冲击，而这些比起传统的课堂教学熏陶要来得实在，艺术修养是需要通过后天培养的，校园影视的教育就是这样的一种艺术修养，可以帮助青少年提高自己的鉴赏能力和审美能力。校园影视作为一种开放性的资源，可以挖掘其功能。学校可围绕各种学科的需要，提供一些富有艺术气息的影像资料，供不同学科的老师使用。比如教师可以通过影视来辅助阅读理解的教学，通过数学游戏来辅助学生对概念的理解，通过艺术活动对学生进行艺术的熏陶，提高中学生的鉴赏能力和审美能力。

三、校园影视在中学英语学习中的作用

（一）择选优秀的引进版影视作品传播英语文化

英语学习一直都是学生学习的重点和难点所在，加上中西方文化的差异，更是让学生对英语望而生畏，难上加难。但是影视学习，可以从很大程度上帮助学生理解国外的文化，普遍提升自己的英语技能。随着教材的改革，教材中已经渗透了很多的英语文化，但是学生只是听老师讲，并没有真正地体会到那种外国人的思维，学生接受的英语文化也都是点化的，不够全面。但是通过校园影视接受英语文化则是一条捷径，在平日的教学过程中，老师可以传输一些轻松励志的英语文化，让学生欣赏外语电影，促进学生对英语文化的理解。比如为我国熟知的《阿甘正传》激励了无数人，《肖申克的救赎》更是成为励志的典范。

（二）学生利用校园影视接受英语文化更加方便

课堂上学生接受英语文化的途径较少，教师讲单词、讲语法已经花费了大量的时间，根本没有很多的时间去很好地传输英语文化，学生对英语文化的了解很少。但是在电影中，学生就可以了解到更多的知识，当学生们看到西方的地理风貌、自然景观、生活情境时，必然会潜移默化地受到影响。当学生体验到外国人的直接交流方式和调侃的语言时，更是易于产生浓厚的兴趣，一部电影就可以让人产生很多的兴趣点，在嬉笑的人群当中发现丰富的文化，发现西方文化中的哲理。

（三）教师利用校园影视提高课堂的趣味性

影视剧和课堂最大的不同就是前者具有丰富的趣味性，课堂上单纯听教师讲英语，对学生来说，比较枯燥，一旦听不懂，更加重了心理负担。但是教师播放影视作品可帮助学生放松自己，对其学习英语产生较大的正向作用。影视是结合动画、人物和声音的艺术，学生在观看的时候很容易产生兴趣。当然，并非所有的内容都能够对学生有很好的感染和熏陶作用，这就要求老师在选取影视的时候，一定要选取那些文化色彩浓厚、又能对学生产生熏陶作用的内容，比如《美丽人生》《勇敢的心》等，让学生看到作品的引人入胜处，看到当时的时代背景，看到主人翁的诙谐方

式，让学生意识到战争的可怕和主人翁追求真理的信念，让学生懂得如何在困境中保持自己良好的心态，让学生领会那颗坚毅、勇敢的心，让学生能够意识到奋斗和心态的重要性，这才是影视的真正作用。

四、结论

影视作品自进入校园以来，受到师生的一致好评，在提高学生兴趣，弘扬优秀文化，促进课程改革方面有着十分重要的影响。本文首先论述了校园影视的魅力，继而阐述了影视在校园中的重要作用，可以帮助学生形成自己的价值观、艺术观和审美能力，继而提出了校园影视在英语学习中的重要性，可以促进学生学习国外文化、提高学习的趣味性。希望本文能够引起人们对校园影视教育的重视，促进校园影视对优秀文化的传播，提高学生学习的兴趣。

浅谈小学生英语阅读兴趣和能力的培养

陈晓珊

小学生正处在学习英语的起始阶段，所学的语法和词汇量有限，教师往往侧重听说技能的培养，忽视对学生阅读能力的培养，这不利于学生英语学习的长远发展。据调查，小学英语教学的普遍不足是：小学低年级段自主阅读训练相对缺乏，导致中、高年级段接触篇幅较长、生词和新句型较多，内容不断加深的英语文本阅读材料时，学生容易产生畏难情绪，久而久之，阅读兴趣就会丧失。阅读是吸收英语语言材料、增加语言知识、扩大词汇量的重要的手段，能为英语口语能力和写作能力的发展打下坚实的基础，也能使学生认识学习英语的真正意义和价值，还能让学生体验学习英语的乐趣。因此从低年段开始，就要注重小学生英语阅读能力的培养。本文运用定制教育的理念，从学生的兴趣点出发，为学生量体裁衣，精选阅读材料，同时适时给予方法指导，以此充分激发小学生学习英语的浓厚兴趣，调动学生学习英语的积极性，从而达到大面积提高小学英语教学质量的目的。

本人通过近几年的小学英语教学实践，充分运用定制教育的理念，在如何培养小学生英语阅读能力方面取得了一些初步的经验，现成文如下，供同行商榷指正。

一、激发和培养学生的英语阅读兴趣

兴趣是最好的老师，阅读应该以兴趣为出发点。我们在小学英语教学的起始阶段就应注重培养和提高学生的阅读兴趣，阅读兴趣是增强学生阅读能力的前提和保障。良好的动机，浓厚的兴趣，是学生学习英语的最佳动力。阅读能力直接受到阅读兴趣的影响，阅读兴趣高，阅读动机就强。

只有将对英语的阅读需求转化为学生的内在需求，学生才会由被动阅读转化为主动阅读，才会逐步建立自信心并养成喜欢阅读的习惯。

如何才能有效激发小学生的阅读兴趣呢？美国学者埃克斯雷指出："能够引起学生学习英语兴趣的方法就是好方法。"兴趣形成于语言实践活动中，通过听说读写和交际应用的实践活动，不断地丰富和发展，反过来促进学生积极主动学习英语。教师的任务就是引发学生天生的阅读兴趣和好奇心，使阅读成为令人愉快的活动。这是顺利开展英语阅读教学、有效提高学生英语阅读能力的基本前提。

（一）精选阅读材料激发学生的阅读兴趣

首先，阅读材料的选择要考虑到学生的阅读能力和现有的词汇量，难度要适中，阅读难度过大，学生会因为畏难情绪而丧失兴趣；课内阅读材料和课外阅读材料的选取原则相同。

其次，阅读材料的选择要结合小学生的兴趣点，要凸显"兴趣第一"。针对小学生的心理年龄特点，我们在给他们提供语言材料时，需要精心选择那些符合他们年龄特征，富有童趣并贴近小学生生活实际，充满想象力，生动活泼且内容健康向上的阅读材料，阅读文本对学生极具吸引力和启发性，让学生爱读乐读，让他们能从中获得乐趣，体验成功的愉悦，感受英语广泛的实用价值，这样不仅激发了学生的学习兴趣，同时还极大地增强了小学生阅读的学习效果。

最后，课内阅读材料和课外阅读材料的选择除了要符合上述原则之外，还要有所侧重，课内阅读材料因为课堂教学的需要，是所有学生共用的，要突出共性，尽量选择大多数学生共同关注和喜爱的题材；相反地，课外阅读材料就要尽量凸显学生的个性化。有的学生喜欢故事类的，有的喜欢科幻或科普类的，还有的喜欢历史或传记类的，老师不要去指定，要因人而异，在把控好阅读难度的前提下，采取推荐大目录的方式，让学生自己从中选择。

（二）给予学生阅读指导来保护学生的阅读兴趣

心理学研究表明，人的兴趣是需要不断进步和收获来维系的。由于阅读方法和技巧的欠缺，大多数小学生的阅读能力还很稚嫩，老师适时适度的阅读指导必不可少。特别是学生在课外个人独立阅读英语文本时，会遇到许许多多的障碍，老师一定要注意定期收集学生反馈的信息，帮助学生分析遇到的困难，及时给予阅读方法上的指导。比如，通过诸如背景知识的渗透和阅读过程中生僻词句的适度使用，让学生排除畏难情绪，由简到繁，逐步增加英语阅读的自信心，达到阅读效果。

（三）运用多样的鼓励方式来激发学生的阅读兴趣

心理学家研究还表明，人们是凭借别人对自己的反应作出自我判断的。来自他人的肯定通常是一个更加努力的动力源泉。小学生的心理特点更是如此，他们渴望得到老师的赏识和鼓励。学生在英语学习上的点滴变化，老师要及时发现和表扬，以提高学生的学习自信心，使学生都能获得一定的成就感，从而激发他们学习英语的兴趣。当他们取得成绩时，老师要在全班面前表扬他们，这样会使他们在心理上产生一种欢快和成就感，使得他们的学习信心倍增，常对学生讲"Try your best""Never give up""We believe we are the best"等激励话语。

在这方面，我平时就是这样做的：开展课堂阅读教学时，鼓励学生大胆地"表现自己"，给学生登台相互对话的表现机会，不管结果怎样，每次我都会带头给登台表演的同学以热烈的掌声。每学期我会在班上组织1～2次的英语剧表演活动，让学生一起表演自己阅读过的英语文本。另外，我还会在班级组织一些阅读交流活动，让学生相互之间分享读后感和阅读乐趣，选择部分有代表性的读后感张贴在教室后面的"阅读墙"上。每学期，在年级开展一次英语阅读比赛活动，颁发奖状和学生喜爱的小奖品表彰活动中成绩突出的学生。每月评选一次班级英语"阅读之星"，对能持之以恒坚持课外英语阅读且阅读量积累较大的学生书面表扬。就这样，学生渴望表扬的心理得到了满足，英语阅读的兴趣更浓了。

二、综合运用多种途径提升学生的阅读能力

（一）引导学生通过积累词汇来助力阅读能力的提升

对英语学习者来说，如果没有词汇，听、说、读、写任何方面都谈不上。掌握词汇是英语学习的基础，更是进行阅读的前提。因此在教学中，

我十分注重学生词汇的学习和积累。传统的读读写写的学习方法，很难激发学生认读识记单词的兴趣，只有增加词汇学习和识记的趣味性，才能使学生乐意并主动去积累词汇。在平时的词汇教学中，我常常将小视频、儿歌、游戏等多种形式带进课堂，在学习的同时完成词汇的积累。

（二）配图创设阅读情景，以图文并茂的方式助力阅读能力的提升

进行课堂阅读教学前，我一般会认真钻研阅读材料，根据阅读材料的内容去网上搜索一些相应的图片配在文本上，尽可能做到阅读内容的情景化、可视化，帮助学生在阅读中快速理解阅读内容，从而达到理想的阅读教学效果。

（三）精心设计课堂教学活动，以活化阅读材料内容的方式助力阅读能力的提升

对于小学生来说，传统的阅读教学是比较乏味枯燥的，教师应改革过去的阅读教学模式，活化阅读内容，精心设计阅读教学活动。在实际教学中，我鼓励并帮助学生试着把文章转变为对话，进行表演。或将这些英语小故事改编成小的短剧。通过改编、对话和表演，一是可以激发学生的阅读兴趣，二是在学生再回头阅读时，更有助于对文本内容的理解。无形之中，学生的英语阅读能力得到了锻炼和提升。

（四）培养良好的阅读习惯，助力阅读能力的提升

除了必要的英语朗读教学之外，我会让学生在进行英语阅读时，养成默读的习惯；要求学生养成阅读时标记重点词句的习惯。小学生由于年龄的原因，常常会在阅读时因为某一个单词不认识而纠结不已，影响阅读情绪和阅读速度，因此培养学生阅读时猜词的能力和习惯非常重要，教给学生根据材料前后文的语境和大致线索猜测生僻词的含义；鼓励学生在平时的英语阅读中，养成写阅读笔记的习惯，将自己喜欢的词句摘抄下来，积累多了，英语能力和水平就提升了。

（五）鼓励学生课外阅读，通过阅读积累助力阅读能力的提升

学生英语阅读能力的提升是一个长期、循序渐进的过程，毫无捷径，贵在坚持，重在积累。因此，我鼓励学生积极坚持课外阅读。课外阅读脱离了课堂教学的时间和空间的限制，更具有自主性和灵活性。课外阅读的选材要充分体现定制教育的理念，选材要因人而异，因材施教。可以先由老师根据水平分层次和题材类别，分门别类地向学生推荐课外读物的大目录，然后由学生自己根据个人喜好并结合自身英语水平自主选择具体的课外读物。积小流而成江海，积跬步而至千里，通过持续的课外阅读，可以为学生提供大量的接触英语环境的机会，增强学生的语感，丰富学生的知识，使他们了解中外文化差异，从而提升学生阅读及理解的能力层次，有效地拓展学习的深度与广度。

总之，我们从小学开始，不仅要让学生学会用所学的语言项目进行口头交际，还要重视逐步培养学生自主地从书面材料中提取信息的能力，扩展知识，提高阅读能力。在教学实践中，从激发学生阅读兴趣方面着手，积极探索丰富多彩的阅读形式，调动学生学习的积极性，综合各种途径，充分挖掘学生潜力，从而更快更有效地提高小学生阅读能力。

乐器在线教学的新生态探索

马　俊

一、案例背景

突如其来的新冠肺炎疫情给教育教学带来了巨大的影响。为了减少疫情给教育教学造成的不便，南山区教育局向全区学校发出停课不停学的号召。作为一名老教师，面对新的教学挑战我迎难而上，积极探索疫情下的教学新生态：如何上好在线乐器教学课程？如何构建新型教与学关系？线上课堂教学中如何提升乐器教学质效？……这些都是我思考和突破的主题。经过思考，决定以弘扬中华民族团结一心的伟大精神为指引，以歌颂在抗击疫情中前赴后继、舍生忘死、无私奉献的英雄儿女们为切入点，以立德树人为最终目标，立足学生，以花城版小学音乐课本中的教学内容为依据，依托自己曾承担"乐器进课堂"区级和省级示范课的优势经历，发挥自己会演奏多种乐器的特长，精心设计"龙的传人""夏日泛舟海上"等在线音乐课，尝试进行"信息技术支持下的乐器（竖笛）进课堂新型教与学模式"的探索。

不得不说，自身已掌握的信息技术能力优势给了我敢于探索的信心。因为，这些年在担任南山区教师继续教育课程讲师和深圳市教师继续教育课程专家的历练过程中，我积累了许多信息技术的应用经验：能熟练运用录屏软件、音频编辑软件等处理教学资源。目前我还是南山区音乐学科唯一的信息技术导师张婧主持的"张婧名教师工作室"核心成员。

即便如此，为了上好网络课程我也认真进行了课前准备：范唱录屏→录我自己分别演奏竖笛、洞箫、钢琴、古琴的范奏视频→编辑视频→制作封面……经过一系列的设计，一节在线课程所需要用到的教学资源就制作好了。考虑到需要预留师生互动时间，也考虑到学生盯着屏幕时间不能太长，所以我制作的教学视频时长一般控制在 15 分钟。

二、案例学校情况

案例学校——南山区前海学校自建校以来一直坚持以竖笛教学为特色。十几年来秉承"让每一所学校都优质，让每一位教师都精彩，让每一个孩子都幸福"的教育理想，认真执行教育部"音乐课程标准"对音乐基本技能提出的"能够自信、自然演奏课堂乐器"的教学要求，扎实推进"人人会一门乐器"的教学举措。作为乐器进课堂的示范学校，前海学校曾先后承办区级和省级"乐器教学进课堂"教学研讨会等活动。

案例年级：前海学校小学五、六年级。

学情分析：五、六年级学生已经具备了一定的歌曲演唱能力和竖笛的基本演奏技能。根据上级主管部门及学校要求，我们认真贯彻教育部"停课不停学"的宗旨，结合学校实际情况组织、开展好线上教学。

三、授课过程

片段（一）

授课背景：

在线上音乐课堂教学中，在学会演唱歌曲《龙的传人》后我要求学生分享自己的演唱或演奏才艺。课前预期分享的人会比较少，因为六年级有部分孩子已经进入青春期，越来越多的学生不愿意在全班同学面前展示自己，更不愿意单独登场表演。然而，本节课的生成却大大出乎我的预设，许多学生争先恐后地分享自己的演唱、演奏视频或是音频。分享演奏的乐器种类丰富，有竖笛、钢琴、口哨、黑管、萨卡斯、手风琴等，形成了课堂上精彩的线上互动效果。

片段过程：

师：同学们，今天的音乐网课除了学习歌曲外，还预留了每一位同学展示才艺的时间，欢迎你来分享自己的演唱或演奏才艺。

生 A：马老师，怎么分享？在网上吗？

师：可以分享你自己演唱或演奏这首歌曲的视频，也可以是演奏时的照片。

生 B：知道了，老师！那我分享《龙的传人》的演唱视频。

（第 1 个分享演唱视频的学生是莫同学）

师：表扬莫同学，在冬日斜阳下分享歌声，很棒！

生 C：老师，我分享竖笛演奏的《龙的传人》。

（第 2 个分享演奏视频的学生是文同学）

师：表扬文同学，吹得很好！"学霸"。

······

师：表扬张同学，手风琴"秀"起来。

生 X：马老师，万同学想分享黑管演奏视频。

师：太棒了！表扬万同学（分享了竖笛演奏后）换成黑管了，多才多艺！谢谢万同学！

师：口哨的控制能力已经有很大进步了，注意歌曲个别地方的音准。

师：表扬彭同学，很好，神速！······

师：表扬龚同学，好棒！······

片段（二）

授课背景：

依据教学经验，五年级的学生已有较好的竖笛演奏技能。基于前几年在竖笛学习中累积的对作品演奏的兴趣爱好，这首歌曲既好听又容易唱、容易奏，非常适合网络在线教学，于是我就选取了这首教材上的歌曲《夏日泛舟海上》作为五年级一节网络课程的教学内容。

课前我也做了充分的准备。包括录制视频、音频、编辑、制作精美的封面、配乐等。但是我校五年级有 11 个班，电脑屏幕上铺满了 11 个班的班级群，要同时面对这么庞大的班级群上网络课，手忙脚乱是不可避免的。为了很有序地给各班上课互动，又让每个班群能显示在屏幕桌面上，我多次探索预演了在电脑屏幕上同时排列 11 个班级群的方法，然后将编辑好的文字和教学视频逐条发布，终于做到了有条不紊，互动有序。教学过程是非常顺利的，学生参与度极高，课程生成也很满意，达到了预期的教学效果。

片段过程：

师：《夏日泛舟海上》这首歌曲非常好听，节奏欢快，易学易唱，学会唱了可以在家里唱给爸爸妈妈爷爷奶奶听。如果你分享到班级群，有可能成为"班红"；如果你有勇气在网络上分享自己的演唱和演奏视频，说不准一下就成了"网红"了呢！

生 A：马老师，这首歌曲我很快就学会了，分享到哪里呢？

师：首先，要学会如何将自己演唱或演奏这首歌曲的视频分享到班级群里。如果自己不会，可以到网上"百度一下"，或是请爸爸妈妈教一教你，学习的途径有很多呢。

生 B：知道啦，老师。

生 C：OK。

师：已经收到大家分享的视频，请为你喜欢的视频点个赞吧。

四、案例反思

（一）示范引领＋信息技术支持＝造就教学的"意外"收获之丰

著名教育家叶圣陶先生说过："教师之为教，不在全盘授予，而在相机诱导。"教师在合适的时机进行高质量的示范演奏正是对促进学生学习兴趣方面进行"相机诱导"的最好诠释。

在"龙的传人"这节网络课程教学中，我不仅准备了音乐教材中的演唱版本，还根据自身具备一定的信息技术能力和有多种乐器演奏能力的优势，借助软件录制→编辑→制作了竖笛、洞箫、钢琴、古琴等四种乐器的教学范奏视频，身体力行引导学生感受我国丰富的文化遗产，进行德育渗透。果不其然，学生纷纷拿起乐器，有模有样地模仿我，非常认真。这就为后来踊跃分享成果埋下了伏笔。在课后反馈提交的作业中，不仅课堂教学乐器竖笛演奏的质量非常高，还引发了一场以"龙的传人"为主题的各种乐器"秀场展示潮"。收获"秀潮"这个丰厚的大礼包的确纯属意外，但仔细想来，我恍然大悟！——这不正是我多年来在乐器教学这条路上，坚持不懈地进行示范引领造就的令人欣喜的"意外"吗？我期待同时我也相信，随着我自身信息技术能力的不断提升，不久以后，同学们还会有更大、更多、更加令人欣喜的"意外"发生。

（二）扎实教学＋网络"云"手段＝打造课堂的共生共赢之路

前海学校自 2006 年起开展课堂教学乐器竖笛进课堂活动，历经十几年在乐器进课堂这个领域的耕耘，取得了丰硕的成果。目前各班学生的演奏基础都比较扎实，一般课本上的歌曲都能做到与课堂教学同步演奏，所以在我的在线课堂中实现"云同奏"并不是什么难题。这里有一个小小的例子与大家分享：六（3）班的王同学因为回老家过春节没有带竖笛，不能与大家一起进行"云"演奏，非常着急。情急之下，他灵机一动，试探性地问我：可不可以用吹口哨来分享演奏？我抓住亮点连忙肯定地说："只要网络通畅，当然可以啊！口哨也是我们自身具备的一种乐器嘛！"在我的鼓励下，口哨版的《龙的传人》也成功分享上线。这位同学的家长非常激动，课后私聊，感谢我对孩子的鼓励和培养。还有一位学生，也是春节回老家。由于地处偏远地区，信号不好，没有办法上传视频，最后只能录成了音频，分享了自己的精彩演唱。还有一个孩子萨克斯吹得很棒，很快用萨克斯秀了一段《龙的传人》。值得一提的是，有一个孩子备受我的影响，立志要多学几门乐器做一个多才多艺的人，他首先分享了竖笛演奏，接着又秀单簧管演奏……那场面，顿时"圈粉"无数啊！

是的！在网络"云"手段的助力下，千里之外的"不可能"都真真切切地变成了"可能"。就是那根神奇的网线将老师育人的初心与家长的信心紧紧地连在了一起；将老师无私的爱心与学生学习的恒心紧紧地连在了一起；将老师赤诚的忠心与民族复兴的责任心紧紧地连在了一起。

（三）以人为本＋不忘教育初心理念＝永恒有效的科学育人之宝

苏霍姆林斯基曾经说过："教育技巧的全部奥秘也就在于如何爱护儿童。"由于平时注重与学生的沟通交流方式，侧重观察和引导学生的学习习惯和学习热情，疫情期间的在线教学，让我一次次看到了孩子们那颗爱学习、爱分享的纯真童心；一次次感受到了以学生为本的课堂教学才是真正的有效教学。例如每一次网课后的演奏分享，都是孩子们发自内心的主动行为，我没有强调更没有强迫，没有三令五申没有反复督促，每次提交分享视频的热度都超过 24 小时。更难得的是每次视频，孩子们几乎都是大大方方地露脸演奏视频，没有攀比没有歧视，和谐友好的气氛比在校上课都温馨都火爆……每一个敢于分享自己演奏的孩子，都在线下花了很多精力反复练习。有个学习弹奏钢琴时间不长的孩子为了把《龙的传人》弹好一点，用了一整天时间来苦练；还有的孩子发现自己提交的视频存在瑕疵不够完美，于是反复练习直到自己觉得满意才再次提交，严谨执着的态度让我非常惊讶。疫情期间的网络教学，个别学生往日调皮捣蛋的现象消失了；性格内向不愿发言的孩子，在网课上居然也敢于分享自己的演唱了……看到这样的情景，作为一名教师，我怎能不感动？面对各班孩子分享的演奏和演唱，我尽量做到"秒回"，及时互动让学生们感觉到了老师一直在关注他，无形之中激发了他们学习的恒心。当一次次在线上教学这个平台看到孩子们自信满满的展示才艺时，我内心不知不觉充满了成就感和自豪感。

记得南山区教育局原局长刘根平说过："我认为疫情不过是给教育按下了暂停键，疫情之后不应该是简单的重启，而是重构。"是的，在深圳举起中国特色社会主义先行示范区的大旗之时，南山区的基础教育一定会在这面旗帜的引领下，重构现代化新型教育模式，从胜利走向更大的胜利！而我这名音乐教育战线上的老教师，也会继续立足乐器课堂教学这块主阵地，与时俱进，继续努力，提升自己，为探索重构"信息技术支持下的乐器（竖笛）进课堂新型教与学模式"贡献自己的力量！

浅谈如何在中学美术课堂进行有效性教学

张莉丽

美术学科在中学整体素质教育培养中发挥着极其重要的作用，对提高学生的审美观、艺术欣赏能力，以及综合鉴赏水平都有很大作用。当前美术教学中普遍存在一种现象，学生美术学习意愿不强，学习积极性不高。美术教师虽然辛苦教学，却无法使学生真正产生对美术学习的兴趣。这个状况出现的原因就是无效或低效的教学。所谓"有效"，主要是指通过教师一段时间的教学后，学生获得具体进步或发展。如何在日常教学中，充分发挥教师的主导作用，组织引导学生成为学习和活动的主体，有效引导和提高学生的学习兴趣，让学生发挥学习主体的能动性，在教师的有效引导下开展丰富多彩的活动，是当前美术教师所面临的长期的现实问题。为切实提高美术教学的有效性，可以从教学设计，教学内容、教学方法、课堂互动、评价反馈等方面充分调动学生的学习兴趣和积极性，使学生主体学习和教师主导教学得到和谐统一。

一、教学设计体现有效性

要上好一堂美术课，教师首先要做好美术课堂教学设计，然后根据美术课程内容目标的基本要求，根据学生的心理和认知发展规律，结合不同年龄学生的实际情况，指导学生在美术学习、讨论和参与中轻松、有趣地掌握美术知识。多样化的美术教学设计能满足不同层面学生的需要，独特的教学风格能有效引导学生深入感受美术学习的乐趣，从而使其成为课堂的主人公。如果在一堂人物面具设计课上，老师照本宣科地告诉同学们，什么是面具，面具的来历，面具的分类，面具的作用和意义，以及怎样画面具脸谱，从头到尾一直讲到下课，没有一次提问和课堂示范，学生就会越听越无味，甚至对课程产生抵触情绪。相反，如果教师在这堂面具教学设计课中体现了以学生为主体的教学策略，引导学生通过对面具基本知识的了解，深入对面具代表意义的探讨，再到面具衍生物的主动探索，结合变脸、京剧等相关多媒体视频，充分调动学生针对各类面具和相关衍生物如魔术的想象力，效果就会截然不同。通过在课堂教学设计中加入学生自主发挥的元素，让学生充分展示自我，能有效提高学生的乐观学习情绪，让他们体会到美术课的生动和快乐，从而实现高效教学。由此可见美术课堂教学设计的重要性，有效的美术教学设计是实现教师主导有效教学的基础和前提。

二、教学内容体现整合性

美术教材呈现出的一系列内容为教师搭建了一个具有可操作性又含有很大拓展空间的平台。教师在开发课程内容时，要有意识、有目的地挖掘与课程内容相关的艺术形态及文化内涵，把这些相关的内容进行有机的整合，增强课程内容的广度和深度，在固定的时间内加大教学密度，传递更多信息。但是，课程整合不等于内容的拼凑，也不等于素材的罗列。素材的选择要服务于课程，要兼顾审美性和适用性，要突出美术教学的学科特色，让学生在广泛的文化情境中认识美术、感悟美术。

三、教学方法体现适用性

美术教学方法是师生双方为完成美术教学任务，实现教学目标，在教学过程中采用的相互作用的一系列的活动方式或操作体系的总称。它包括教师的教法和学生的学法，还包括教师行为活动的顺序。美术教学方法极其丰富多样，教师能否依据教学实际正确、合理、有效地选择教学方法，是影响教学质量与教学效果的关键。这就要求美术教师综合考虑教学的各有关因素（教学内容、学习领域、教学目标等），按各类教学方法的特性做出合理选择，并能根据最优化的原则加以组合。

四、课堂互动体现高效性

将美术课程的有效设计充分应用到课堂中，与学生进行有效互动，通过教师有针对性的引导，让学生主动参与课堂教学，是实现主体主导有效教学的实践基础。以刚才面具教学为例，教师在介绍面具来历的同时可指导学生联想电影、绘画和生活中的不同面具，在教学面具绘画时通过分组讨论，让学生提出自己对不同面具的见解和看法。教师在引导学生展开针对面具的相关讨论时，向学生提供讨论过程所需要的信息，并提出适当建议，帮助学生强化讨论的结果，有利于促进学生保持讨论兴趣的持久性。通过不同学习方式的转变，将学生从被动接受变成主动学习，从个体听课转为团队合作，让学生在讨论中学习，在欣赏中思考，从而体验学习的乐趣。通过面具课堂的互动学习方式，教师在课堂中注入了新的活力，促进了学生学习方式的转变，也改善了师生关系。将课堂与社会生活的紧密联系，最大限度地调动了学生参与的积极性。由此可见，通过教师有效互动主导，将学生原有的单纯接受式学习方式转变为主体性的学习方式，能从真正意义上实现学生自主学习。

五、评价反馈体现实效性

在美术课程有效设计的前提和课堂有效互动的实践基础上，教师及时作出客观、公正、中肯、引导、启发性的教学评价，是实现教师课堂主导与学生学习主体动态均衡的桥梁。在人物面具教学课中，教师对学生小组讨论变脸视屏，或者京剧中不同面具代表意义的及时评价能体现出教师对学生学习的尊重。教师在发挥教学主导作用，给予学生学习成果评价，对学生的劳动成果给予充分肯定的同时，也可以引导鼓励学生对自己、对自己的团队和其他团队还有教师做出相应的评价，从而避免单方面的人为偏见和思维局限性，有效发挥学生的主观能动性，帮助学生树立健康积极的主体个性，并引导其正确发展。教师在课堂双向的评价反馈中，也能不断提高教学水平，从而更加客观高效地发挥课堂主导作用。

六、拓宽延伸体现延展性

教学延展即教学的拓展和延伸，是美术教学不可分割的一部分。学生美术知识的习得、美术技能的使用，不可因教学活动的结束而结束，而蕴含在美术教学活动中的情感、态度、价值观的发展更是一个长期的过程。

在教学结束后，只有让学生对内容继续保持探索兴趣，对技能方法创造性地加以应用，对美术教学形成持久的兴趣与爱好，这样的美术教学才是有效的教学。有效的教学准备为美术教学提供了良好的前提保障，有效的教学过程使美术教学获得最大的效益，有效的教学延展使美术教学的魅力得以更好延续，有效的美术教学为学生的发展提供了充足的动力。

总之，我们的教学活动如果始终让学生有一种期待，有一种新奇，有一种无法抗拒的吸引，那么这肯定是一种十分有效的教学。教师只有不断地反思自己教学是否有吸引力，是否有效，积极把握住"内容与形式、预设与生成、互动与调控、主体与主导"四个关系中的主体主导的动态平衡，不断优化课堂教学目标、教学过程、教学结构、教学方式方法，进行有效的教学设计、课堂互动、评价反馈等，使学生主体学习和教师主导教学得到和谐统一，以此保证美术教学的有效性，才能使教学富有生机，更有实效。

绘画创新意识融入小学美术教育的实践策略分析

于大庆

以往的美术绘画教学通常是教师为学生直接布置绘画任务，在教学环节缺乏一定的互动性。没有教师的提示与指引，学生的思维难以获得有效启发并发展，存在一定的思维局限性。因此，在现阶段的美术教育中，教师则需与时俱进，将绘画创新意识充分融入美术课堂，以促使学生在美术欣赏的同时，还能借助绘画发展其创新思想和创造力，以促使小学生的综合能力得以切实提升。

一、绘画创新意识融入小学美术教育中的意义

（一）提升学生美术素养

在素质教育的不断深入与推行下，各个学校都逐渐提高了对学生德智体美劳教育的重视，其中，美术课程更是承载着美育、德育等方面的培养作用，具有重要的学科价值。绘画创新意识的教育融入，能够促使学生重新认识事物、色彩等内容，使得学生的美术素养得以有效提升。以往的美术教学仅关注学生绘画能力的培养，而现代教育则更加注重学生素养及能力的综合培育，以促使学生既能够了解美术知识，具备一定的鉴赏能力，又能够从中实现技能的发展，获得思维能力和创造力的提升。

（二）挖掘学生的创造潜力

小学生的特点是具备较强的想象力，有着丰富广阔的创意思维，且体现在成长学习中的诸多方面。而美术教育能够在一定程度上给予学生启发与引导，使得学生在思维发散中进一步发掘创造潜力。在绘画学习及练习

过程当中，学生的个性化差异决定了每个人的不同想象结果。因此，教师在教学时应注重赏识性教育，具备善于发现的眼光捕捉学生的优点，进而在鼓励与支持中，帮助学生实现创造创作能力的发展与提升。同时，对于学生难以理解的事物或事情，教师亦需要帮助其进行理解，使其能够更好地认知自我，从而在教师的引导下，发掘创作的潜能。

二、绘画创新意识融入小学美术教育的实践策略

（一）创建多种课型，激发学生创新意识

1. 创建"以学生为中心"的美术特色课

以往的美术教育与其他学科教学形式相差无几，多以教师为课堂主导而展开教学，学生在教师知识的灌输及课程学习的引领下，易形成学习上的依赖性及惰性，不利于创新意识的有效发展。因而教师应改变这一现象，为学生创设更为自由宽松的学习环境，有效落实学生的主体地位。学生应在教师的引导与辅助作用下，通过实际动手操作、独立思考问题等方式，逐渐提升解决问题的能力。在此过程当中，教师则可组织并引导学生自主展开美术知识的学习，比如，在四年级上册《我设计的童装》中，教师可结合学生感兴趣的事物，如卡通人物、洋娃娃等，要求学生为其设计和制作具有创意的服装，在服装的图案上可借助动物图腾、落叶形状等，在服装的物料上，则可使用美术材料及废旧布料，如旧布条、手提袋、报纸等，并涂上漂亮的颜色。这样的设计一定能够让人眼前一亮。这样一来，学生的兴趣就能得到有效调动，从而促使其在自主参与中实现创新意识的发展。

2. 创建"情境美术课"

小学阶段的学生不论在认知思维还是三观价值等方面，都处于形成初期，因而易于受外界因素的影响。在这一特质下，教师可通过情境氛围的创设，"影响"学生的思维及创新意识的发展，以将学生的创新创造潜能充分挖掘和开发出来，更好地促使学生创新意识的形成与发展。在此过程当中，情境课堂的创设方式多种多样，教师可依据教学的内容进行择优选择，如音乐的导入、创设问题情境、故事情境等。例如，在《千姿百态的

树》当中，教师可利用多媒体影视技术，为学生展示生活中的各类树木的形态样貌，并进行简单的介绍。如此一来，学生既实现了美术欣赏，亦能够有效拓展并丰富植被知识，使得知识信息更为广泛。在此基础上教师再为学生播放森林相关的纪录片，让学生在大自然的氛围下展开美术课程的学习。在此过程当中，教师可询问学生"你看到的树像什么？"以引导学生在此期间发散思维。或者，教师亦可创设游戏情境课堂，比如，在学生基本了解了各类植被树木的特点之后，设计"看图猜测"的游戏，为学生展示某个树木的一部分，进而让学生猜测树木的名称，或者通过这一部分的图片展示引导学生联想等，以此发展学生的创新意识。同时，学生在游戏化情境中亦能够提升对美术的兴趣。

3. 创建"地域特色"美术课

绘画艺术在现代社会的发展中更具多样性，且具有一定的新鲜感，但其内容与表现形式并非为所有人所喜爱，因而在将其融入美术教育中时，需以更为独特的方式进行教学，结合地域特色，为学生拓展并呈现民间艺术及现代艺术品等，以此启发学生的创作灵感，培养学生创新意识的有效发展。例如，常见的民间艺术有剪纸、蜡染、泥塑、扎染等，在此基础上，结合地域特色艺术，形成如扎染制成的背包、剪纸下的装饰等。这些具有民族意蕴又富含创意的艺术作品，使得学生感到新奇，其创作欲望亦能够在此影响下得以激发，创作灵感亦能够在创意性作品观赏中获得启发。这样的教学形式既能够丰富并加深学生对于本土艺术文化的认知与了解，亦能够使得美术课堂更为丰富，具有趣味及活力。

4. 创建"名画赏析课"

为推动绘画创新意识融入美术教育的有效性落实，需要学生充分全面地了解现代绘画大师的作品，此时教师可引导学生对大师经典作品展开欣赏，以拓展学生的艺术视野，使其更好地提升对于绘画大师的认识，在作品的欣赏中进一步获得观察及审美感受等方面的提升。同时，教师需注重引导学生学会观察艺术作品。比如，在欣赏齐白石先生的《虾》这一作品时，可引导学生观察绘画的特点，以及绘画中所呈现的现象是什么，进而将齐白石先生画画的经验分享给学生，比如齐白石先生的绘画是通过不断仔细观察及反复练习而达到的艺术成果，而非随意绘画。又如，在讲授和欣赏西方绘画大师的作品时，亦需要注重将其创作的背景、作品表达的内容等讲解给学生，比如在欣赏米罗的作品时，大多数学生在粗略的观察中普遍认为是儿童画，然而事实上却不然，教师则可将其作品与儿童画的区别进行讲解，以帮助学生更好地了解作品、认识作品。

（二）丰富学生的绘画形式和教学内容，激发创新意识

传统美术教育多仅作分析，其教学形式相对单调，以绘画为主导的课程体系，在教学设计上亦缺少创新，学生的兴趣仅限于初心，并未在教师的指导下获得提升，甚至于在教师的影响下，逐渐呈现兴趣降低的现象。因此，教师需针对这一现象加以转变，给予学生更多的绘画自由，让其充分发挥自己的个性，在不限制学生绘画形式的同时，还需对学生进行展示更多的绘画形式及技巧的教学，比如现代化具有创意的吸管吹画、泼墨法、拓印法等，都可作为教学的内容教授给学生，为学生的创新意识提供丰富多元的启发性素材内容。例如，在指导小学生绘画"树木"的过程中，教师可通过示范教学的方式，采用吸管吹画的方法创作作品，让学生观察教师是如何将树一步步"吹出来"的，这样，既有效提升了学生的好奇心，亦能够增强其对于美术的学习兴趣，更能够促使学生在教师的示范引导下"蠢蠢欲动""跃跃欲试"，从而实现教学课堂的质量提升。因此，教师在针对小学阶段学生展开美术创意培养教育过程当中，应结合小学生的心理及性格特征进行教学创新设计，同时，注重绘画形式的丰富性指导，以在激发学生好奇心的同时，推动其创新意识的发展与提升。

此外，在绘画内容上，教师还需要给予学生充分自由的发挥空间，由于小学阶段的学生缺乏一定的生活及社会经验，教师在内容上亦需要注重贴合小学生的认知及经验发展，如与其日常生活相关的元素，或是亲身经历的具体事件等展开教学。而目前的美术绘画教育，更多的是具有童话色彩的元素，与学生的生活存在较大的差异，具有一定的现实生活脱离现象，导致学生在绘画期间难以更好地进行表达，学习过程中也存在一定的困难。因此，教师在开展创新意识的培养时，亦需要注重融入与学生生活实际相符的内容，进而引导并鼓励学生发散思维进行创作，以使其创新意识得以有效培养，并从中获得提升。

（三）开展丰富多彩的课外活动

1. 创建"课外兴趣小组"

创新意识的培养与激发应围绕学生生活的各个环节展开，除课堂中的教学引导之外，教师亦需要注重学生课余时间的充分利用。通过组建美术兴趣小组的方式，让学生在这一组织活动中自由自发地创作。教师可鼓励学生置身于教室之外，至大自然、社会当中，通过接触新鲜的事物，进而使其创新意识及创作欲望得以激发。同时，教师亦可组织学生进行课外参观，通过拓展其艺术的视野，进而提高其对于绘画及美术艺术作品的认知，以进一步促进学生创新意识的形成。

2. 组织学生参加美术大赛

美术绘画比赛活动的组织创设，能够锻炼学生的创作思维，使其在更具挑战的环境氛围中，实现灵感的激发，从而创造出优秀的美术作品。同时，比赛的创设亦是学生交流学习的过程，使其审美及创作能够在活动中实现快速的提升。教师应鼓励学生积极参与绘画比赛，在此基础上，亦可开设校内小范围的美术比赛活动，以全面推进学生美术创新意识的形成与发展，提高其美术技能及素养，促使学生在多元活动中实现综合发展。

（四）优化教学方法，完善教学设施

教师的教学方法亦是有效培养学生创新意识的重要因素，教师应切实注意到这一点，并积极创新改革教学方式，为学生构建更具创意、多元且具有趣味性的课堂形式，以将传统的讲授、演示等教学方法进行拓展延伸。同时，还需要注重学生主体角色的转换，让学生能够在自主思考、观察及动手中增强学习体验，在亲身体验中提高美术兴趣，增强创新创作的动力。在教学评价方面，鼓励性评价对于学生具有较好的激励作用，因而教师可采用赏识性评价的教育方式，以通过科学的适当鼓励、表扬等，以增强学生学好美术的信心，进而使其创作创新意识得以更好地发展。

三、结束语

总而言之，教师要提高美术教育的效果，并能够立足于新时代的教育发展要求，切实践行新时代对于学生综合全面培养的目标指向，将绘画创

新意识充分融入小学美术课堂，以促使学生在提升美术技能的同时，亦能够实现素养及其创新创造能力的提升与发展。在此过程当中，教师则需进一步创新设计教学方式，通过不断的改革完善，为学生构建更具科学高效的美术教育课堂，以更好地实现创新意识的培养目标，全面推进小学生综合素质的发展与提升。

关于少年儿童课外舞蹈教育状况的调查

李竺庭

在社会迅速发展的今天，少年儿童教育仍然是众所关注的话题。如今的家长越来越重视少年儿童的全面培养。少年儿童在完成课业的同时，也要习得一技之长。在众多艺术学科中，舞蹈是最适合少年儿童学习的才艺之一。因为它是综合多种技能为一体的艺术形式，并能使少年儿童身心两方面都得以发展。近些年来，无论是在中国还是其他国家，舞蹈这门学科不断被家长选择与认可。而在少年儿童学习时间如此紧张，课业非常繁重的情况下，家长为什么要让孩子接受舞蹈教育？其真正的出发点是什么？在学习后真正获得了哪些成果？为了探究以上问题，本文对三个班级共50名家长进行了问卷调查，整理调查结果有以下几个发现，包括少年儿童学习舞蹈中的性别差异，少年儿童学习舞蹈适宜的年龄，家长对舞蹈的认识，家长让少年儿童学习舞蹈的原因，以及在家长看来少年儿童学习舞蹈后最受益的方面。本文经过对这几方面的了解，观察到少年儿童舞蹈教育发展中所存在的共性问题，针对其中的两个问题，提出消除弊端的建议，以促进少年儿童舞蹈教育的发展。

一、问题的提出

在如今不断发展的时代中，少年儿童舞蹈教育也在飞快地发展。越来越多的家长会选择舞蹈来丰富少年儿童的艺术技能。在现今，越来越多的课外舞蹈学校的创办，为少年儿童接受舞蹈教育创造了便利的条件。这些学校所开设的舞种齐全，有幼儿舞蹈、少儿民族舞、少儿芭蕾舞、少儿拉丁舞、少儿街舞等，并为不同年龄的少儿开设不同年龄段的班级。有很多发展较健全的少儿舞蹈教育机构可供家长与少儿们选择。但经过长时间对少年儿童舞蹈教育的观察，我发现其中还存在不少问题，并且教学形式也较单一。其一，家长在少年儿童的教育中有着重要的地位，因为这一时期家长扮演掌舵者的角色，所以家长的想法是非常重要的。如今众多的家长喜欢让少年儿童学习舞蹈，但家长对舞蹈却仅有较浅的了解，从而盲目地让孩子学习舞蹈。譬如少年儿童学习舞蹈的年龄问题，众多的家长不了解少年儿童何时学习舞蹈才是最适宜的年龄，导致少年儿童学习舞蹈年龄较早或较晚。其二，性别差异。在任何一所少儿舞蹈学校中，都存在着少年儿童性别差异的问题。在每一个少儿舞蹈教育机构，或是每一个舞蹈班级，男孩女孩比例非常悬殊。这应该是众多舞蹈教育者所苦恼的问题，并且对该问题已经加以重视。其三，重简单外在训练轻复杂的内在影响。少儿学习舞蹈的原因大致为少儿、家长喜欢，或培养气质、美化体态。但大家没有真正意识到舞蹈教育在少年儿童成长中的重要作用。这便可以看出现今对于少年儿童舞蹈教育认识还处于较浅的阶段。如今家长越来越注重舞蹈考试通过的级别，教师注重比赛的结果，把舞蹈不断推向固定化、单一化。因此少年儿童在学习中没有体会到舞蹈的真正乐趣，并且缺失一些兴趣培养方面的教育。

二、研究方法

如今少年儿童课外舞蹈教育机构比比皆是，教学模式基本一致，但规模各不相同。其实，少年儿童舞蹈教育机构对于少年儿童的培养起着非常重要的作用，它不单单是一个有镜子的宽敞场地，也是使少儿身心都得以训练的场所。所以不能忽视少年儿童舞蹈教育机构的重要性。经过对少年儿童舞蹈教育长时间的观察，我发现其中存在着众多问题。为了透彻了解问题的实质，本文采用调查问卷的形式，了解其现状。本文对已学习舞蹈的 50 名少年儿童的家长进行问卷调查。问卷内容主要分为四个部分，第一部分为基本资料调查，主要对少年儿童的性别、年龄、学习的时间、所学习的舞蹈种类进行基本的了解。第二部分，家长让少年儿童学习舞蹈的原因。第三部分，少年儿童在学习舞蹈后的显著效果及其身体形态与性格的变化。第四部分，在家长看来少年儿童学习舞蹈的重要性，从而了解家长对舞蹈的普遍认识程度。通过调查问卷还可直观地看到如今少年儿童舞蹈教育中所出现的问题。

三、调查结果中发现的问题

因篇幅限制，以下仅对调查结果中发现的两个问题进行说明。

（一）少年儿童舞蹈教育中男女性别差异

调查问卷结果显示，少年儿童学习舞蹈具有明显的性别差异。在不同的舞种中，性别比例有所不同。从总体来看，在任何一个舞种中，男孩子的人数要比女孩子的人数少得多。在少年儿童舞蹈学习中出现男少女多的情况，导致在专业的舞蹈学校中出现了同样的问题。对较热门的两种少儿舞蹈的调查发现，在少儿民族舞班中，男孩的数量近乎为零。可以少至1：50。在少儿拉丁舞中情况有所缓解，但仍然差异悬殊。一个20人的班级当中只有3～5名男孩子。有些班级甚至一名男孩子都没有。经过对家长的调查及教师的了解，其原因在于两个方面。首先，从男孩的性格方面来看，很少喜好舞蹈。一般情况下，男孩与女孩性格上有着很大的差异性。男孩生性活泼好动，一般对力量、速度、爆发力型的运动感兴趣，如跆拳道、篮球、足球等。这是主要的原因。其次，家长对舞蹈的认识程度与观念影响了他们的选择。大多数男孩子的家长选择让孩子学习跆拳道、美术或是各种乐器。很少的家长会让孩子学习舞蹈。这与家长的观念是分不开的，众多的家长认为，舞蹈多为柔软悠扬的动作，不适宜男孩子学习，担心对男孩子心理发育产生影响。该问题的出现则是因为家长们陈旧的观念，与对舞蹈知识的缺乏所导致。其实，家长应该在男孩合适的年龄段中培养他的肢体技能。"在4～6岁这个时期，孩子身体的各个系统、各个动作的功能基本完善，因此，这个时期是孩子开始把各个不同的系统整合、动作协调一致发展的过程。"而在学习舞蹈过程中，能够充分培养少儿身体协调能力与肢体模仿能力。因男孩生性爱动，注意力不够集中，舞蹈课堂能顺应男孩子这一特点，锻炼男孩肢体有规律地舞动，并且培养男孩注意力集中的能力与观察事物的能力，增加男孩的音乐节奏感，让他们在锻炼肢体的同时感受着音乐的美妙旋律。舞蹈对男孩子性格及多方面发展具有很大的促进作用。所以，舞蹈教育者要向男孩子的家长灌输正确的舞蹈学习观念，从而使更多的男孩子加入舞蹈班级中。

（二）少年儿童几岁开始接受舞蹈教育最适宜

在少年儿童舞蹈教育过程中，按年龄可分为三个阶段：4～6岁为第一阶段；6～9岁为第二阶段；9～12岁为第三阶段。经过对家长的问卷调查，在"认为哪一个阶段最适宜少年儿童接受舞蹈方面的教育"一题中，大约70％的家长认为，少年儿童接受舞蹈教育应该越早越好，即4岁左右。从这个数据可以看出，现今的家长非常重视少年儿童的早期教育。但在舞蹈学习年龄方面却处于盲目状态，而在哪一个阶段才是少年儿童接受舞蹈教育的最佳时段，这个问题往往被家长忽视。在4～6岁的少年儿童舞蹈班级中，舞蹈教师通常采用启蒙式的教学方法。该年龄段的少年儿童大脑发育没有完全完成，语言表达能力与问题理解能力都处于初级的认知阶段。在舞蹈课堂中，舞蹈教师通常以简单的语言、缓慢的语速与单一的舞蹈动作进行教学。其上课时间不宜过长，因4岁左右的少年儿童注意力不能长时间集中，并且观察不到重点内容。所以，舞蹈教学都是以简单的肢体动作为主。该年龄段的孩子无法完成有难度的技巧动作，在教学中的主要目的是让少年儿童从中锻炼肢体的协调能力与音乐配合能力。6～9岁的少年儿童大脑发育接近完整，智力水平大幅度提高，肢体控制能力与模仿能力有所加强。此时是对其肩部、腰部、髋关节进行软开度练习的最佳时段。在该年龄段的舞蹈班级中，舞蹈动作由简到繁，并且会增加一些技巧动作练习。舞蹈教师从启蒙式教育过渡到引导式教学。该年龄段的少年儿童可独立表演完整的舞蹈。9～12岁的少年儿童，大脑发育完整，接受能力、表达能力、自控能力较强，并且可长时间注意力集中，具有独立的思考能力。在可以独立完成舞蹈动作的基础之上，教师注重培养该年龄段少年儿童的舞蹈表现力及对舞种的理解能力。该年龄段的少年儿童是各个方面发育较完整的阶段。

美国著名心理学家布鲁姆曾做过对近千名儿童从出生一直到成年的追踪研究，结果表明：5岁前是少儿智力发展最迅速的时期，如果把17岁的智力水平看做100％，那么孩子在4岁前就已经获得了50％的智力，其余的30％是在4～7岁间获得的，剩余的20％则是在7～17岁间获得的。各年龄段数据及实践表明，4 岁左右的少年儿童虽然智力发展迅速，但是仍然缺乏对事物的理解能力与肢体的控制能力，并且接受能力薄弱。所以对于 4 岁左右的少年儿童接受舞蹈教育相对过早。而第三阶段的少年儿童虽然各个方面发展已接近完整状态，但是该年龄段的少年儿童骨骼发育相对成熟，给肩部、腰部、髋部进行软开度训练增加了难度，少年儿童在学习兴趣方面也大打折扣，学习舞蹈的积极性不高。所以在该阶段开始练习舞蹈相对晚了一些。而最适合接受舞蹈教育的年龄段应是 6～7 岁。在该年龄段的少年儿童发育相对成熟，具有理解问题的能力，并适宜练习基本功。所以综合各方面来看，6～7 岁的少年儿童开始接受舞蹈教育最为适宜。这便是科学学习舞蹈的年龄。

四、教育建议

针对上述两个问题，提出两项教学建议。

（一）推广《舞蹈学习手册》及舞蹈学习宣传短片

针对少年儿童学习舞蹈中出现男女比例失调、少年儿童学习舞蹈年龄问题及家长对舞蹈知识的不了解等，本文认为其根源在于人们舞蹈知识的匮乏。所以我建议制作《舞蹈学习手册》从而推广科学的舞蹈学习，让人们了解舞蹈的基本知识。其一，手册中介绍少年儿童学习舞蹈的科学年龄、科学方法。这便解决了少年儿童学习舞蹈年龄过早或过晚的问题。其二，介绍舞蹈的基本知识，如基本功训练的内容，并对舞蹈练习对肢体训练，对身体发育的好处，加以说明。其三，舞蹈种类的介绍。不同的舞种有其不同的特点，让少年儿童及其家长了解，减少盲目学习状况的出现。如芭蕾舞是高雅细腻的舞蹈，拉丁舞是性感火辣的舞蹈，民族舞是优美欢快的舞蹈，街舞是动感帅气的舞蹈。这便可以让男孩子及其家长挑选适合的舞蹈种类，缩小少年儿童性别差异。其四，可以播放一些舞蹈知识的宣传短片，让家长知道舞蹈对少年儿童发展的重要作用，深刻地了解舞蹈学习的内涵，改变陈旧的思想观念。

（二）更新少年儿童舞蹈教育机构教学模式

舞蹈教育机构在少年儿童舞蹈教育发展中起着重要的作用。所以，少年儿童舞蹈教育机构的发展是非常重要的。如今大多数教育机构都有教学模式单一的问题，本来应该起到舞蹈知识传播及培养舞蹈爱好者的作用，却因为某些原因而忽视了一个教育机构的真正意义。要改变少年儿童舞蹈教育机构教学模式单一的现状，就应增添新模式的课程，从而使舞蹈作用于每一个少年儿童。第一，舞蹈教育机构每两周应开设一节音频类的课程。第二，舞蹈教育机构应每个月组织一次演出。如同钢琴音乐会一样，只有在舞台表演中才能锻炼少年儿童的表现能力、自信心。第三，合作意识的培养。每一次的表演要能锻炼少年儿童与人合作的能力。无论今后成长在哪一阶段，都要具有合作意识。所以可以开设集体舞蹈的展示表演，或是与家长合作的亲子舞蹈。"在共同完成表演时，个人要在共同表演的相互联系中展示自己，还要对自己的表演部分负责；同时合作能力可强化孩子的自我价值感，在与人合作中，孩子们又能获得一种自己不是孤独的，而是整体中一部分的体验，从而逐渐培养起集体感和责任感。"在增添这三方面的课程后，少年儿童的舞蹈教育将不断发展扩大，并且会有更多的少年儿童成为舞蹈爱好者。

如今少年儿童舞蹈教育还处于蓬勃发展的状态中，但仍然存在着众多问题。希望所提出的方案可有效地改变其现状，让越来越多的群众了解舞蹈、喜欢舞蹈，使少年儿童以快乐的心态学习舞蹈，做到真正寓教于乐，以迎接少年儿童舞蹈教育的繁荣。

传统文化教育的"光合作用"表达

王艳华

优秀的传统文化是中国数千年沉淀下来的精华，学习中国传统文化，意义重大。党的十八大以来，围绕传承和弘扬中华优秀传统文化，习近平总书记发表了一系列重要论述，并且在两会期间特别强调"坚持道路自信、理论自信、制度自信，最根本的还有一个文化自信，要从弘扬优秀传统文化中寻找精气神"；2014年五四青年节在与北大师生座谈时，习近平总书记说"我们生而为中国人，最根本的是我们有中国人的独特精神世界，……我们提倡的社会主义核心价值观，就充分体现了对中华优秀传统文化的传承和升华"；2013年在山东考察工作时习近平总书记强调"一个国家、一个民族的强盛，总是以文化兴盛为支撑的，中华民族伟大复兴需要以中华文化发展繁荣为条件。对历史文化特别是先人传承下来的道德规范，要坚持古为今用、推陈出新，有鉴别地加以对待，有扬弃地予以继承。国无德不兴，人无德不立"……从习近平总书记在不同场合的论述中，我们可以找到答案：要想让"立德树人"工程扎根学校、落到实处，就应该把中华优秀传统文化教育作为德育工作的主要内容和形式。那么，在学校教育中，传统文化教育应该占有什么样的位置，应该怎样实施，又能够发挥怎样的作用呢？经过多年的实践，我找到了一些答案，我称其为传统教育的"光合作用"，用文字描述为：在人生接收信息和教育效果最佳的阶段（启蒙阶段），选择最适宜的内容和教育方式，通过开展坚持不懈的活动，最终产生质变（促进优秀品质的生成和良好习惯的养成）的过程。下面我就结合自己的教育实践解读其中的关键词。

一、适宜时机

儿童时期是孩子智力和记忆能力发育的关键时期，如果在这一阶段学习经典古籍和诗歌，反复诵读，可以有效地帮助他们进行智力和记忆力方面的开发。同时，也可以让他们学习到优美经典的文字、文言、文章。这样孩子既学到了"语"又学到了"文"，两者融合为一个整体，为今后语文课程的学习打下了良好的基础，也培养了孩子良好的阅读意识、阅读兴趣和阅读习惯。中国传统文化中有很多宝贵的教人怎样做人做事的道理，孩子学习时也在潜移默化地接受其中包含的美德，从而培养起良好的人文素养、心理品质、道德品质和人生修养。

二、用心设计

首先，继承和弘扬中华优秀传统文化，教师具有不可替代的作用。作为教师，如果自身缺乏对中华经典的文化自觉和文化自信，那么对学生提出再多的要求、布置再多的任务，都无法达到用传统经典育化学生的目的。教师只有把传统文化精髓贯彻到工作生活之中，落实到一言一行之中，才能给予学生无形的示范。基于此，我从初次由学校选派到成都学习国学课开始，利用三年多的时间，自愿自费到各地的国学课堂系统学习了《孝经》《了凡四训》《四书五经》等，观看了《一场演讲，震撼百年》《读经教育的全程规划》等视频。每天坚持晨起读诵经典，内容包括《论语》《大学》《中庸》《孟子》《老子庄子选》《诗经》《易经》等；每晚入睡前坚持自省；每天抽出一小时时间进行抄经。这样，我内化经典中孕育的德育内容，用传统、积极的文化引导学生，提升他们的道德修养。同时，在指导学生学习时，更加有的放矢，准确选择适合学生现状、德育效果较好的经典内容让学生诵读理解以及布置相关的班级活动，避免了盲目跟风的无效劳动。

其次，调动家长参与，形成家校合力。学生优秀的道德品质，需要在一个持续、稳定的氛围中逐渐形成。这就要求学校教育与家庭教育应该处于同步且统一的状态，如此才能够达到最好的德育效果。我在班级开展传统文化教育之前，会先行召开家长会，讲明诵读经典对孩子一生的重要性，并请几个在家庭中比较重视经典教育的家长，分享各自家庭教育的成功经验，利用他们的影响力感召其他家长参与到读经诵典中来。而后，我向学校提出申请开设"弟子规"校本课，由家长轮流执教，我负责课前协助家长制订教案，得到学校批准并实施。每周，我都给家长布置任务，要求家长和孩子一起诵读经典，并且和孩子一起完成《一周家庭行事纪要》，对学生的言谈举止、行走坐卧、待人接物、身体力行做家务等方面进行评价，在班本课中进行抽选汇报和评价。这些做法，得到了家长的接受和认可后，家校教育自然而然就步调一致了。经典育人的阵地由班级延伸至家庭，保证了德育效果的一贯性和稳定性。

最后，借助媒体资源，强化学生认同。传统文化教育如果仅仅在一个班级内来完成，学生极有可能把它当作一项任务去完成，无法直击学生内心、真正让他们认同和内化。我充分利用各种媒体资源，收集相关内容，把学生的娱乐兴趣从关注各类明星趣闻转移到关注经典文化类节目中来。利用午休和课间，我组织学生观看《中华诗词大会》《汉字听写大会》《经典咏流传》《朗读者》等文化节目视频，并组织他们非正式地讨论，调动他们的兴趣，让他们说说最佩服节目中的哪一个人，为什么佩服他等。这样，学生的兴趣点就不知不觉地被这些内容吸引了，同时也感觉到诵读经典是全社会都在倡导和实践的事情，增加了认可度。

三、坚持

用传统文化育人不是达到功利的手段，必须把它作为常态化工作坚持下去。为了增强家长和学生的信心，也为了督促自己能够长久坚持，把经典育人作为德育工作的一项内容，我收集整理了学生学习经典前及之后半年来他们发生变化的图片，进行对比展示，邀请学校领导和家长一起进行欣赏评价；同时展示班级取得的成绩和荣誉，让学生谈谈从经典中汲取的力量；请科任教师讲讲他们感觉到的学生细微的变化，给家长和学生增强信心；家长们邻桌交流孩子在家的表现，分享践行《弟子规》和诵读经典案例的心得。学生完成42学时的《弟子规》学习后，我与家长、学生共同召开了长达3个小时的结业式，在顶礼环节中，家长和学生都发自内心地动容，会场气氛庄严、隆重。这样的成果展示活动，真正抓住了学生和家长的心，这届的孩子也坚持诵读经典达六年，其中的变化让我们看到了经典育人的力量。

四、质变

诵读经典只是传统文化教育的一个载体，并不是最终目的。我们要追求的是中华传统文化中释放的正能量，提升师生的道德文化修养，完成学校立德树人的教育使命。因此，用经典中蕴含的道理来指导学生的生活实践远比学生的量化诵读更为重要。为了让学生明白这些，我注重把学生的一言一行与经典相结合，达到古今相通，学以致用。我把以往教师普遍使用的说教模式改变为用经典提醒：做两操是锻炼身体——"身有伤，贻亲忧"；学生做错事——"德有伤，贻亲羞"；学生听课读书时抖腿就强调"勿践阈，勿跛倚，勿箕踞，勿摇髀"；学生闹矛盾时，在解开矛盾之后，向其他同学引用《论语》"子曰：三人行必有我师。择其善者而从之，其不善者而改之"；学生书写不认真时则强调"字不敬，心先病"，潜移默化渗透文字的神奇力量；每周班会课师生共同反思自己的不足——"曾子曰：'吾日三省吾身：为人谋而不忠乎？与朋友交而不信乎？传不习乎？'"做到颜回那样"不迁怒，不贰过"……学生在这样的细节中，感受到了来自传统文化的现实教育意义，更乐于接受了。六年来同学们得到了中华优秀传统文化的熏陶和洗礼，养就了包容、友善、利他的品格。他们对老师的严格要求心怀感恩；对于同学指出不足鞠躬致谢；对于家长的管教心存感激；受到误解能及时调整心态不是怨恨；遇到问题时会自我反思找出不足而改进；懂得合作并从中互相监督鼓励；特别会珍惜时间，合理安排时间……

以上所述，只是从一个班主任的角度去思考和践行了传统文化在德育工作中的重要价值。给学生植入传统文化教育的因，必定结出他们走好人生第一步的果，在这一过程中，我付出着，也享受着。怎样把中华传统经典文化教育作为学校德育工作的主要内容和有效形式，学校层面也应该有所思考和作为，这样，才能够彰显出新时代具有中国特色的立德树人的教育理念。